MARCO POLO

Reisen mit Insider Tipps

POLNISCHE OSTSEEKÜSTE

DANZIG

**MARCO POLO Autor
Thoralf Plath**

Seit 20 Jahren lebt der deutsche Journalist Thoralf Plath bei Kaliningrad (Königsberg). Auf dem Weg in seine Heimat Vorpommern hatte er zahllose Male Gelegenheit, die polnische Küste in all ihren Facetten kennenzulernen. Als Segler kennt er sie auch von der Wasserseite her, als Korrespondent für deutsche Medien bringt er seinen Landsleuten immer wieder die Reiseziele an Polens Ostseeküste nahe.

www.marcopolo.de/ostsee-polen

← **UMSCHLAG VORN:
DIE WICHTIGSTEN HIGHLIGHTS**

Die besten Insider-Tipps → S. 4

Best of ... → S. 6

Stettin und Wollin → S. 32

Kolberg/Rügenwalde → S. 42

4	**DIE BESTEN INSIDER-TIPPS**
6	**BEST OF ...** ● TOLLE ORTE ZUM NULLTARIF S. 6 ● TYPISCH POLNISCHE OSTSEEKÜSTE S. 7 ● SCHÖN, AUCH WENN ES REGNET S. 8 ● ENTSPANNT ZURÜCKLEHNEN S. 9
10	**AUFTAKT**
16	**IM TREND**
18	**STICHWORTE**
24	**ESSEN & TRINKEN**
28	**EINKAUFEN**
30	**DIE PERFEKTE ROUTE**
32	**STETTIN UND WOLLIN** SZCZECIN (STETTIN), ŚWINOUJŚCIE (SWINEMÜNDE)
42	**VON KOLBERG BIS RÜGENWALDE** KOŁOBRZEG (KOLBERG), KOSZALIN (KÖSLIN)
52	**STOLP UND KASCHUBIEN** MIERZEJA HELSKA (HALBINSEL HEL), SŁUPSK (STOLP)

SYMBOLE

INSIDER TIPP   Insider-Tipp
★   Highlight
● ● ● ●   Best of ...
☼   Schöne Aussicht
🌱   Grün & fair: für ökologische oder faire Aspekte
(*)   kostenpflichtige Telefonnummer

PREISKATEGORIEN HOTELS

€€€   über 80 Euro
€€   50 – 80 Euro
€   unter 50 Euro

Die Preise gelten für zwei Personen im Doppelzimmer mit Frühstück in der Saison

PREISKATEGORIEN RESTAURANTS

€€€   über 18 Euro
€€   10 – 18 Euro
€   unter 10 Euro

Die Preise gelten für ein Essen mit drei Gängen, aber ohne Getränk

INHALT

DANZIG UND UMGEBUNG 62
GDAŃSK (DANZIG),
SOPOT (ZOPPOT)

ELBING UND FRISCHES HAFF 80
ELBLĄG (ELBING)

AUSFLÜGE & TOUREN 88

SPORT & AKTIVITÄTEN 94

MIT KINDERN UNTERWEGS 98

EVENTS, FESTE & MEHR 102

ICH WAR SCHON DA! 104

LINKS, BLOGS, APPS & MORE 106

PRAKTISCHE HINWEISE 108

SPRACHFÜHRER 114

REISEATLAS 118

REGISTER & IMPRESSUM 130

BLOSS NICHT! 132

Stolp und Kaschubien → S. 52

Danzig u. Umgebung → S. 62

Elbing u. Frisches Haff → S. 80

Reiseatlas → S. 118

GUT ZU WISSEN
Geschichtstabelle → S. 12
Danzig oder Gdańsk? → S. 22
Spezialitäten → S. 26
Bücher & Filme → S. 74
Grün & fair reisen → S. 108
Was kostet wie viel? → S. 109
Währungsrechner → S. 111
Wetter in Gdynia → S. 113

KARTEN IM BAND
(120 A1) Seitenzahlen und Koordinaten verweisen auf den Reiseatlas
(O) Ort/Adresse liegt außerhalb des Kartenausschnitts
Es sind auch die Objekte mit Koordinaten versehen, die nicht im Reiseatlas stehen
(U A1) Koordinaten für die Karte von Gdańsk (Danzig) im hinteren Umschlag

UMSCHLAG HINTEN: FALTKARTE ZUM HERAUSNEHMEN →

FALTKARTE
(A–B 2–3) verweist auf die herausnehmbare Faltkarte
(a–b 2–3) verweist auf die Zusatzkarte auf der Faltkartenrückseite

2 | 3

Die besten MARCO POLO Insider-Tipps

Von allen Insider-Tipps finden Sie hier die 15 besten

INSIDER TIPP Kunst unheilig
In der kriegszerstörten Elbinger Marienkirche, die bewusst nicht restauriert wurde, sorgt eine Kunstgalerie mit provozierenden Ausstellungen und kühner Performance regelmäßig für Skandale → S. 82

INSIDER TIPP Das Organ von Koszalin
Wenn die Orgel in Koszalins Marienkirche beim Internationalen Orgelfestival ihre Stimme erhebt, verstummt der Mensch vor Ehrfurcht → S. 49

INSIDER TIPP Raues Kap
32,7 m, die weithin sichtbar in den Himmel ragen: Der Leuchtturm von Rozewie markiert zusammen mit einem imposanten Kliff Polens nördlichsten Punkt → S. 57

INSIDER TIPP Kaschubien à la carte
Im Wirtshaus Karczma Pod Kluką in Słupsk wird im authentischen Fachwerkambiente noch echt kaschubisch aufgetischt und geschlemmt → S. 60

INSIDER TIPP Danzigs ältester Jahrmarkt
Die Dominikaner sind längst Geschichte, ihren Markt gibt's aber immer noch, und zwar seit bald 750 Jahren: Immer Anfang August wird Danzigs altehrwürdige Rechtstadt für zwei Wochen zum bunten Basar (Foto o.) → S. 67

INSIDER TIPP Ruhestand der Fahrensleute
Im Kapitänsviertel von Ustka verschwimmt Eleganz mit Seemannsnostalgie → S. 61

INSIDER TIPP Die Anbetung des Bernsteins
In der Danziger Brigittenkirche wächst ein einzigartiges Kunstwerk: ein 11 m hoher Bernsteinaltar in Lilienform → S. 64

INSIDER TIPP Troja des Nordens
Truso ist doch keine Legende! Das Museum in Elbląg erzählt die Story der sagenumwobenen Wikingerstadt → S. 81

INSIDER TIPP **Hafen, Oder, „Amazonas"**
Stettins Ausflugsdampferkapitäne unternehmen auch Törns in die Wildnis des Odertals. Welch ein Kontrast zum Trubel der Hafenkulisse! → S. 35

INSIDER TIPP **Nackte Tatsachen**
Alle Hüllen fallen lassen ist an Polens Küste weder üblich noch ratsam, doch bei Dębki verteidigen die FKK-Fans wacker ihre kleine Nacktbastion → S. 58

INSIDER TIPP **Belagerungszustand**
Einmal im Jahr wird die Marienburg wieder zur uneinnehmbaren Festung, wenn eine mittelalterliche Belagerung mit allen Schikanen nachgespielt wird → S. 103

INSIDER TIPP **Sand wie gemahlen**
So puderzuckerfeinen Strand wie bei Mrzeżino gibt's an der ganzen Ostsee kaum noch einmal. Da wollen selbst die vielen bunten Fischerboote nicht mehr hinaus aufs Meer (Foto u.) → S. 40

INSIDER TIPP **Theater am Strand**
Danzig mag die schönsten Häuser haben, Gdynia hat die schönste Schauspiel-Kulisse: Auf der Theaterbühne am Strand ist im Sommer richtig was los. Eine einzigartige Kulturadresse, die Sie nicht verpassen sollten → S. 79

INSIDER TIPP **„Pariser" Einsichten**
Den aussichtsreichsten Blick auf Stettins pulsierenden Grunwald-Platz gibt's vom Café 22 aus. Vom Logenplatz in der 22. Etage des 85 m hohen Radisson-Turms aus erklärt sich auch, warum der meisterlich restaurierte Stadtteil „Pariser Viertel" heißt → S. 34

INSIDER TIPP **Wie in der guten alten Zeit**
Sie versprüht nostalgische Eleganz und weit mehr als nur einen Hauch wilhelminischer Bäderarchitektur: In der Hotelvilla Stella Maris werden Ferien zum Genuss – feiner und exklusiver geht's an der Küste fast nimmer → S. 41

BEST OF ...

TOLLE ORTE ZUM NULLTARIF
Neues entdecken und den Geldbeutel schonen

SPAREN

● *Abtauchen in die Stadtgeschichte*
Das *Museum der Stadtgeschichte* sollten Sie auf keinen Fall verpassen, wenn Sie in Danzig sind – mittwochs ist der Eintritt frei. Auch andere Museen an der polnischen Küste bieten solche Frei-Tage, da lohnt sich ein Blick auf die Öffnungszeiten → S. 70

● *Essenseinladung bei den Kegelrobben*
In der *Forschungsstation auf Hel* ziehen Biologen verwaiste Kegelrobben auf, um sie in der Ostsee freizulassen. Der Eintritt ist frei, wenn Sie bei der Fütterung zuschauen möchten, aber natürlich können Sie für diesen sichtlich guten Zweck auch etwas spenden (Foto) → S. 101

● *Orgelkonzert in der Bischofskathedrale*
Die *Barockorgel in der Kathedrale Cammin* zählt zu den klangvollsten ihrer Art an der Ostsee. Wenn Sie sich sonntags in die Messe setzen, genießen Sie das berühmte Instrument, ohne für ein Konzert bezahlen zu müssen. Den Segen gibt's obendrauf, ebenfalls gratis → S. 40

● *Immer den Pfeilen nach*
Wenn Sie sich in Stettin die Stadtführung sparen möchten, folgen Sie einfach der *Roten Route,* zu erkennen an den Wegweisern mit den roten Pfeilen. Eine Broschüre gibt's für wenige Złoty in der Touristeninformation → S. 38

● *Wisente gucken auf Wolin*
Im Nationalpark auf der Insel Wolin lebt eine Herde Wisente. Zwei Mal am Tag kann man die Tiere, die sich sonst in der Wildnis verstecken, gratis ganz aus der Nähe bewundern: Wenn es was zu futtern gibt, verlieren die Riesen jede Scheu → S. 41, 101

● *Weltbewegende Einsichten*
Auf der Frauenburg in Frombork sehen Sie mit eigenen Augen, dass sich die Erde dreht: Im Glockenturm hängt ein echtes Foucaultsches Pendel. Seine „wandernden" Ausschläge zu beobachten, kostet nichts außer ein bisschen Geduld → S. 101

● ● ● ● Diese Punkte zeichnen in den folgenden Kapiteln die Best-of-Hinweise aus

TYPISCH POLNISCHE OSTSEE-KÜSTE
Das erleben Sie nur hier

● *Danzigs hanseatisches Herz*
Giebel an Giebel säumen hanseatische Kaufmannshäuser den *Königsweg* vom Goldenen Tor durch die Danziger Rechtstadt. Wie ein Fels in der Brandung überragt die Marienkirche das Häusermeer – etwas Größeres hat die Backsteingotik nicht hinterlassen (Foto) → S. 68

● *Zur Eroberung freigegeben*
Uneinnehmbar scheint die *Marienburg*, von der aus der Deutsche Orden fast 300 Jahre herrschte. Heute erobern Besucher vieler Herren Länder Tag für Tag die größte gotische Burg Europas → S. 85

● *Meer sehen*
In Sopot, dem elegantesten Strandbad der Küste, endet die Hauptstraße auf dem Meer: Stolze 512 m misst die längste *Seebrücke* der Ostsee, an Sommerabenden wird sie zur Flaniermeile von beinahe mediterranem Flair → S. 77

● *Gold im Wasser*
Danzigs berühmten Likör, das Goldwasser, sollten Sie dort probieren, wo er erfunden wurde: im *Lachs*. Das feine Restaurant ist längst selbst eine Legende, der Olymp der Danziger Gastronomie → S. 72

● *Auf Sand gebaut*
Bis zu 50 m türmen sich die riesigen *Wanderdünen* zwischen Łeba und Rowy auf: Auf den Dünenkämmen des Slowinzischen Nationalparks belohnt der grandiose Panoramablick über diese Wunderwelt aus Sand, Meer und Licht den Aufstieg → S. 60

● *Kołobrzeg in Partystimmung*
Ein schönes Stück wiedererschaffene Altstadt, ein lebhafter Ostseehafen, feinste Strände und eine dichtbevölkerte Promenade, die im Sommer Abend für Abend zur Partyzone wird: Es hat schon seinen Grund, dass *Kołobrzeg* Ferienhauptstadt der polnischen Küste ist → S. 42

● *Halbinsel hoch am Wind*
Die Halbinsel Hel ist der Hotspot der Wind- und Kitesurferszene an der polnischen Küste, nirgendwo sonst stellen die Sportler ihre Boards so rasant auf die Kante wie hier. Probieren Sie es selber aus oder lernen Sie das Spiel mit dem Wind in einer der Surfschulen → S. 56

TYPISCH

BEST OF ...

SCHÖN, AUCH WENN ES REGNET
Aktivitäten, die Laune machen

● *Baden bei jedem Wetter*
Ostsee zu kühl, Wetter zu nass? Der *Aquapark Sopot* ist mit gut temperiertem Badewasser, Riesenrutsche, Kaskaden und Sprungturm die perfekte Alternative → S. 98

● *Kunst im Stettiner Herzogschloss*
Im Schloss der Pommernherzöge lockt heute das *Stettiner Zentrum für Zeitgenössische Kunst* – und beim Schlossrundgang die legendäre Gruft! → S. 35

● *Danziger Reinheitsgebot*
Das Bier kommt aus den Braukesseln im Keller, der Blick aufs Krantor hält jedem Wetter stand: In der urigen Brauereikneipe *Brovarnia* übersteht man auch längere Schauer gut → S. 71

● *Unterwassertrip mit Haien*
Piranhas und Haie gibt es in der Ostsee zum Glück nicht. In den großen Aquarien des *Ozeanografischen Museums* in Gdynia kommen Sie den bissigen Flossenträgern trotzdem gefahrlos nahe → S. 79

● *Grüße aus dem Bernsteinzimmer*
Die besten Bernsteinjuweliere Europas kommen aus Danzig. Bei *Baltic Stone* können Sie das Gold der Ostsee bestaunen – und Ihr persönliches Schmuckstück selbst herstellen → S. 72

● *Zu Besuch bei Bürgermeisters*
Das *Rechtstädtische Rathaus von Danzig* sollten Sie gesehen haben, vor allem den prunkvollen Roten Saal des Palastes. Nicht immer waren Kommunen so knapp bei Kasse wie heute! (Foto) → S. 67

● *Nur echt im Nationalmuseum*
Schon allein das Original von Hans Memlings berühmten Triptychon „Das Jüngste Gericht" lohnt den Besuch des Nationalmuseums im alten Klosterbau in Danzig → S. 70

ENTSPANNT ZURÜCKLEHNEN
Durchatmen, genießen und verwöhnen lassen

● *Schiff ahoi!*
Wie wär's mit etwas Seefahrt? Im Hafen Kołobrzeg legen täglich *Ausflugsdampfer* ab. Richtig tiefenentspannend ist ein mehrtägiger Segeltörn auf der Ostsee oder eine Schiffsreise zur Insel Bornholm → S. 45

● *Auszeit im Garten der Mönche*
Danzigs ältester Stadtteil Oliwa birgt einen Schatz: den alten *Klostergarten der Zisterzienser*. Hier kommt die Zeit zur Ruhe und im Sommer gibt es regelmäßig Klassikkonzerte – Balsam für die Seele → S. 75

● *Ein Platz an der Sonne*
Wer es sich an einem Sommerabend auf der Restaurantterrasse der *Pension Victor* gemütlich gemacht hat, wird den Platz auf dem Balkon von Rozewie so schnell nicht mehr verlassen. Dazu ein Dessert „Victor" – das steigert den Wohlfühleffekt enorm! → S. 57

● *Im fernen Osten*
Ruhe ist an den Stränden vielerorts ein seltenes Gut. Fahren Sie zum Baden auf die *Frische Nehrung* (Foto): je weiter östlich, desto ruhiger wird es. Und der Strand? Einfach wunderbar zum relaxen! → S. 86

● *Wohlfühloase*
Es liegt etwas abseits, doch der Ausflug nach Oliwa lohnt: Im *Spa Dwór Oliwski* wartet vom Pool bis zum Jacuzzi eine ganze Wohlfühllandschaft auf Gäste, die Entspannung suchen → S. 75

● *Kein Land in Sicht*
Wer gern mit Meerblick wohnt, wird das *Hotel Bryza* im Seebad Jurata mit seiner Aussicht lieben. Der Gipfel der Verwöhnung: die hauseigene Schönheitsfarm → S. 56

● *Klassisches zum Abend*
Wie wärs mit Chopin? Ein abendliches Konzert in der berühmten *Baltischen Philharmonie Danzig* ist genau das Richtige, um den Bummel durch die prachtvolle Altstadt ganz entspannt ausklingen zu lassen → S. 73

AUFTAKT

ENTDECKEN SIE DIE POLNISCHE OSTSEEKÜSTE!

Weißer Strand, von Dünen und Kiefernwald gesäumt, raue Kliffe, an denen im Herbst die Stürme nagen, Strandseen, Salzwiesen und Haffs, von Nehrungen geschaffen, halb Meer, halb Lagune: Polens Ostseeküste trägt viele Gesichter.
524 km zieht sie sich hin vom Zipfel der Insel Usedom im Westen über die Danziger Bucht bis zur Frischen Nehrung, deren Spitze schon im russischen Kaliningrad (Königsberg) liegt. Fast 100 m ragt die Steilküste der Insel Wollin nördlich von Stettin auf, ein Massiv aus Kreide und Lehm, von Buchen und Eichen bewachsen. Weiter nach Osten fällt die Küste ab, geht auf in den breiten Dünenketten von Westpommern mit nicht enden wollenden Stränden. Schließlich wieder ansteigend, nun aber sanfter, zum Słowiński-Nationalpark hin, wo der Wind den Sand zu 50 m hohen Wanderdünen aufgetürmt hat. Touristische Wüste ist dieses Badeparadies längst nicht mehr. Die Ostseeküste zählt zu den beliebtesten Ferienregionen Polens. Fischerdörfchen von Rowy bis Hel werden im Sommer zu überlaufenen Urlaubszielen sonnenhungriger

Bild: Wanderdünen im Słowiński-Nationalpark

Eine der schönsten Ansichten Danzigs: Mottlaukai mit Krantor und Meeresmuseum

Großstädter, Seebäder wie Międzyzdroje (Misdroy) und Sopot suchen Anschluss an Glanz und Gloria ihrer feinen Vergangenheit.

Villen im verspielten Stil der Bäderarchitektur erstrahlen frisch restauriert oder wurden stilecht nachgebaut, Promenaden und Seebrücken nach alten Vorbildern erneuert. Kołobrzeg (Kolberg) wirbt selbstbewusst als „sonnenreichste Stadt des Nordens". Dabei hätte das renommierte Kurbad Werbung kaum mehr nötig. 1,5 Mio. Gäste kommen Jahr für Jahr in die heimliche Ferienhauptstadt der polnischen Ostseeküste. In Sopot, einst „Deutschlands mondänstes Seebad" mit Kasino, Pferderennbahn, Opernbühne und Strandvillen, sind die schillernden Jahre in den goldenen Zwanzigern Vergangenheit, doch im postsozialistischen Zeitalter avanciert das alte Zoppot nun wieder zum Laufsteg der Schönen und Reichen – und derer, die sich dafür halten. Nicht nur in Polens Nobelbadeort, dessen schönste Straße die 362 m lange Seebrücke ist, setzt man auf Gäste, der Tourismus ist die Wachstumsbranche an der polnischen Küste, und man hat kräftig investiert in den letzten Jahren. Vielerorts zwischen Wolin und der Frischen Nehrung öffneten neue Hotels und Wellnesstempel, gleich hinter den Dünen wachsen moderne Ferienkomplexe aus dem Sand. Die Zersiedelung

2000 v. Chr.
Slawische Wenden siedeln an der pommerschen Küste

997
Früheste urkundliche Erwähnung von „Gyddanzyc"

1225
Konrad von Masowien ruft den Deutschen Orden gegen die Überfälle der Pruzzen zu Hilfe. Die Ritter errichten ihren eigenen Staat

1410
Niederlage der Ordensritter durch ein polnisch-litauisches Heer in der Schlacht bei Tannenberg (Grunwald)

1772–1795
Russland, Preußen und Österreich teilen Polen untereinander auf

AUFTAKT

bekommt der Küstenlandschaft nicht überall gut. Ferien-Hotspots wie Mielno, Niechorze oder das Surfmekka Jastrania auf der Halbinsel Hel verwandeln sich im Juli und August Abend für Abend in Partyzonen. Doch zwischen den Urlaubszentren wird die Küste schnell wieder leer und still, und selbst im Hochsommer hat man die Ostsee kilometerweit fast für sich.

Und wer statt des Strandtrubels ländliche Beschaulichkeit sucht, muss nicht weit reisen. Südlich der Küste schließt sich die Moränenlandschaft des Baltischen Höhenrückens an, ein Mosaik aus sanften Hügelketten, unberührt scheinenden Wäldern und Seen. In den Dörfern gehören Störche und Pferdefuhrwerke noch zum Alltag, in üppigen Gemüsegärten wachsen Kartoffeln, Zwiebeln und Tomaten. Doch nicht alles ist Idylle, was so scheint: Viele Menschen leben mehr recht als schlecht von dem, was ihre schmalen Felder hergeben, die Armut ist nicht zu übersehen. Im Hinterland sind die Probleme am deutlichsten sichtbar, die Polens ländlicher Norden zu verkraften hat. Denn der EU-Beitritt des Landes hat vor allem der jungen, gut ausgebildeten Genration neue Chancen gebracht. Zu den Verlierern zählten die Bauern. Ihre

Störche und Stille statt Strandtrubel

traditionellen kleinen Höfe waren nicht wettbewerbsfähig, Brüssel verweigerte die Zuschüsse, die polnische Regierung förderte den Landverkauf an rentable Großbetriebe. Mittlerweile trägt der Umbau Früchte im Hinterland der polnischen Küste: Die Region zwischen Koszalin und Lebork mit ihren fruchtbaren Äckern zählt bereits zu den größten Saatzuchtzentren für Kartoffelsorten in Europa. Um auch die traditionellen kleinen Höfe nicht sterben zu lassen, vergibt der Staat Bio-Zertifikate und Zuschüsse für umweltgerechte Landwirtschaft. Dennoch ist die Arbeitslosigkeit auf dem Land

1918/19 Es entsteht wieder ein souveräner polnischer Staat, dem der Versailler Vertrag den größten Teil Westpreußens („Korridor") zuspricht

1939 Der Panzerkreuzer „Schleswig-Holstein" beschießt die polnischen Befestigungen der Westerplatte: Der Zweite Weltkrieg beginnt

1945 Polen wird mit einem Drittel seines Landes nach Westen verschoben

1980/81 Die Danziger Werftarbeiter erzwingen mit Streiks die Gründung der freien Gewerkschaft Solidarność

hoch, bis zu 30 Prozent, Jobs sind rar und allenfalls in den Kleinstädten zu finden. Also sind so viele Junge gegangen, dass in den boomenden Wirtschaftszentren der polnischen Küste, Gdansk und Stettin, die gut ausgebildeten Fachkräfte knapp werden.

Dabei mussten auch die Zentren Rückschläge wegstecken. Der Zusammenbruch der Werften kostete Tausende den Job und kühlte die Europa-Euphorie schockartig ab. Doch die Polen, die ihr Land seit dem Zusammenbruch des Sozialismus in einer geradezu atemberaubenden Entwicklung vorangebracht haben, sind gewohnt, nach vorn zu blicken. Mehr und mehr Bauern etwa verbinden mittlerweile biologischen Anbau mit Übernachtungsgelegenheiten und Erlebnisangeboten: *Agrotourystyczna* ist groß im Kommen im polnischen Norden, denn Naturliebhaber und Ökotouristen haben dieses fragile Paradies entdeckt. Die alleengesäumten Nebenstraßen sind wie geschaffen fürs Radwandern, Angler und Kanuten fasziniert die Pommersche Seenplatte mit ihren 3000 blauen Augen. Eine Perle dieser Landschaft schimmert südwärts der Halbinsel Hel: die Kaschubische Schweiz. Auch im Hinterland wird mittlerweile, dank großzügiger EU-Förderung, einiges in die Infrastruktur investiert. Noch ist manches Baustelle, mancher Radweg endet so unvermittelt wie er begann. Besonders auf dem Land wird improvisiert. Doch darin sind die Menschen hier Meister. Und macht nicht gerade das Unvollkommene den Reiz des Entdeckens aus?

> **Romantische Alleen für Radfahrer, 3000 Seen für Kanuten und Angler**

Für viele ältere Besucher, die aus Deutschland kommen, ist es auch eine Zeitreise in die eigene Vergangenheit, an die Stätten der Kindheit. Jahrhundertelang, vom späten Mittelalter bis 1945, gehörten weite Teile des Landes zwischen Stettiner Haff und Frischer Nehrung zu Deutschland. Die großen und kleinen Städte längs der Küste bewahren ein reiches kulturelles Erbe: Burgen, Backsteingotik, Bürgerhäuser. Da ist Szczecin, das alte Stettin, mit dem Greifenschloss. In Kamień Pomorski, früher Cammin, steht die Bischofskathedrale, einst geistiges Zentrum Pommerns. Im Osten erinnert die Marienburg an die Herrschaft der Ordensritter, die im 13. Jh. in das slawisch-heidnische Land an der Weichsel vordrangen und ihren theokratischen Militärstaat errichteten. Über allem thront Gdańsk, Danzig, das Juwel der Ostseestädte. Mehr als 1000 Jahre ist das mächtige Handelszentrum alt, und an allem gewachsen,

1990 Lech Wałęsa wird Staatspräsident

1999 Polen tritt der Nato bei

2004 Polen wird vollwertiges Mitglied der EU

2010 Bei einem Flugzeugabsturz in Russland sterben zahlreiche polnische Regierungsmitglieder, unter ihnen auch Präsident Lech Kaczyński. Die Neuwahlen im Juli gewinnt der liberale Bronisław Komorowski

2012 Referendum gegen Bau eines Atomkraftwerks an der Ostsee

AUFTAKT

wenn auch oft im Schmerz: unter dem Deutschen Orden und als Löwe im Hansebund, zu Zeiten der polnischen Teilung, später als Freie Stadt. Am 1. September 1939 entfesselte Hitler-Deutschland hier mit den Schüssen des Panzerschiffs „Schleswig-Holstein" auf die Westerplatte den Zweiten Weltkrieg, an dessen Ende auch Danzig in Trümmern lag. Die Stadt erhob sich wieder, wie ein Phoenix aus der Asche, nun

Pommerns Frühling zaubert Blütenlandschaften von intensiver Farbigkeit

Gdańsk heißend, polnisch, sozialistisch – doch immer noch an der Ostsee, dem Wind der Freiheit nah. Im August 1980 erstreikten 16 000 Werftarbeiter, angeführt von Lech Wałęsa, die Gründung einer freien Gewerkschaft. Das war der Anfang vom Ende des Ostblocks unter Moskaus Fuchtel.

Die Solidarność-Revolution ist Geschichte. Heute präsentiert sich Gdańsk, mit Sopot und Gdynia zur „Dreistadt" verschmolzen, als weltoffene Ostseemetropole. Willkommen sind auch die Deutschen, trotz manchen Vorurteils, das noch zwischen den Völkern steht. Am ehesten werden das die jüngeren Generationen abbauen, für die die unheilvolle Vergangenheit Geschichte ist und die Zukunft in einem offenen Europa liegt. Wer mit diesem Verständnis an die polnische Küste reist, wird Men-

Eine Reise zurück in das alte Herz Europas

schen mit einem großen Herzen voller Gastfreundschaft treffen. So sehr hat der Eiserne Vorhang die Mitte des Kontinents verschoben, dass die Wanderdünen von Łeba manchem im Westen immer noch so entlegen scheinen wie die Sahara. Dabei führt eine Reise nach Pommern geradewegs zurück in das alte Herz Europas.

IM TREND

1. Wellentanz

Aktiv Die Halbinsel Hel ist ein Paradies für sportliche Wasserliebhaber – und für Nachtschwärmer. Statt ans Mittelmeer reisen die Surfer nach Chalupy. *Baywind (www.baywind.pl)* hilft bei ersten Wellenritten, mit *Wake (www.wake.pl)* kommen noch ein paar Stundenkilometer dazu – die Sportschule bietet Kitesurfkurse an. Beide liegen am Campingplatz *Ekolaguna (www.ekolaguna.com.pl)*, dem bevorzugten Spot der Surfer. Hier stehen ihre Zelte, hier sorgen sie mit ihren Partys für Ibiza-Atmosphäre auf Hel.

2. Chic statt Protz

Mode Den übertriebenen Postkommunismus-Protz sucht man in Polen vergebens. Hier setzen die Modedesigner auf extravangtes Design, das selbst Lady Gaga begeistert. Ewa Minge *(ul. 9 Maja 11/19, www.ewaminge.pl, Foto)* aus Szczecinek verdreht der ganzen Modewelt den Kopf. Ihre Roben und tragbare Alltagsmode gibt es nicht ausschließlich in ihrer Heimatstadt. Alltagstauglich sind auch die Entwürfe von *Hexeline (www.hexe.com.pl)*, die unter anderem in Gdynia *(C.H. KLIF, al. Zwycięstwa 256)* und in Słupsk *(ul. Wojska Polskiego 7)* verkauft werden.

3. Partyszene

Musik An der Ostseeküste des Landes ist die Partyszene zu Hause. In Kołobrzeg startet jedes Jahr das riesige Elektrofestival Sunrise *(www.sunrisefestival.pl, Foto)*. Ganzjährig sorgt das *Sfinks (ul. Powstańców Warszawy 18, Gdańsk)* musikalisch für Aufsehen. Star-DJs geben sich hier die Klinke in die Hand. Das extravagante *Piekni Mlodzi i Bogaci (ul. Teatralna 1, Gdańsk)* – zu deutsch: Die schönen Jungen und Reichen – hat nicht nur einen vielversprechenden Namen.

An der Polnischen Ostseeküste gibt es viel Neues zu entdecken. Das Spannendste auf dieser Seite

Street Food

4

Das Essen ist ein Hit Nirgendwo sonst als in dieser Region werden die Erträge von Mutter Natur so gefeiert. Mit eher traditionellen Märkten, wie dem *Malënowi Bęks* zum Ende der Erdbeersaison in dem Dorf Wygoda Laczynska oder mit modernen Events wie der „Straße der Geschmäcker" in Koszalin. Vor dem Dom geben sich zu wechselnden Terminen Köche die Ehre. In den Pfannen schmoren traditionelle und moderne Küche gemeinsam – es kann probiert und gekauft werden. Wer die typische Küche der Region kennen und zubereiten lernen will, wendet sich an *Culinary Vacations (www.polandculinaryvacations.com, Foto)*. Das Team von Malgorzata Rose veranstaltet eintägige Kochworkshops im gesamten Land. Wer mehr Zeit mitbringt, geht mit ihnen auf kulinarische Entdeckungstour, testet unter anderem traditionelle Milchbars und die typisch süß-pikanten Spezialitäten Pommerns.

Urban Climbing

5

Murki Genießen Sie die Aussicht von ganz oben – beim Urban Climbing. Das Erklimmen von Brücken und Gebäuden ist der Sporttrend rund und um Gdańsk, denn für einen Kletterfelsen müssten die Einheimischen weit reisen. Eine Eisenbahnbrücke aus Backsteinen bei Lubowidz ist das erklärte Lieblingsziel der Kletterszene. Nach dem anspruchsvollen Aufstieg wartet die Abkühlung im nahen See. Welche weiteren *Murki*, so nennen die Einheimischen ihre Kletterwände, einen Besuch wert sind, verrät *murki.pl (Foto)* mit vielen Details zu Topografie, Zufahrt und Schwierigkeitsgraden. Die nötige Outdoorausrüstung gibt es bei *Trek (ul. Szeroka 97, Gdańsk, skleptrek.com)*.

STICHWORTE

BERNSTEIN
Zahllose Legenden ranken sich um das Gold der Ostsee, den Bernstein. Die Erklärung der Wissenschaftler ist dagegen nüchterner: Bernstein tropfte vor 40 bis 70 Mio. Jahren als Harz der tertiären Kiefer *Pinus succinifer* zu Boden.
Harz brennt, Bernstein auch, was im Namen anklingt: Bernstein entstand aus dem Börnsteen, *börnen* ist mittelhochdeutsch und heißt brennen. Im polnischen *bursztyn* steckt das wiederum deutsche Lehnwort. Die „Baltischen Brillanten" gibt es in mehr als 200 Farbnuancen, vom elfenbeinfarbenen, türkis geäderten bis zu dunkelgrünen Stücken. Nur jeder hunderttausendste Tropfen enthält einen prähistorischen Einschluss, eine Inkluse: Insekten, Skorpione, Blätter – Grüße aus dem Jurassic Park der subtropischen Braunkohlenwälder.

HANSE
Alle alten Städte an der polnischen Küste von Stettin bis Frombork haben in ihrer Geschichte etwas gemeinsam: Sie waren Mitglieder der Hanse, jener mittelalterlichen Städtekonföderation, die zum Schutz kaufmännischer Interessen entstand und bald nach ihrer Gründung 1159 zum mächtigsten Bündnis im Ostseeraum aufstieg. Die Hanse schloss Verträge, führte Kriege und zwang mit Wirtschaftsblockaden ganze Länder in die Knie. In ihrer Blütezeit waren fast 200 Städte Mitglied der Hanse. Hauptsitz war seit 1356 Lübeck. Der Niedergang begann mit dem Entstehen neuer, unab-

Bild: Kaschubische Schweiz

Er ist die Konstante an der polnischen Küste: der Bernstein, das Gold der Ostsee. Das Land dagegen erlebte eine wechselvolle Geschichte

hängiger Handelswege. 1669 fand die letzte Versammlung des hanseatischen Bundes statt.
Traditionen mit Gedanken der Völkerverständigung, kulturellem und wirtschaftlichem Austausch zu verbinden, ist Ziel der 1980 gegründeten Neuen Hanse, der aktuell 114 Städte angehören. Höhepunkte sind die Hansetage, die alljährlich in einer anderen Mitgliedstadt stattfinden. Die Hansestadt Danzig, der Neuen Hanse ebenfalls beigetreten, war 1997 Ausrichter dieses internationalen Volksfestes und ist als hanseatischer Gastgeber das nächste Mal im Jahr 2024 dran *(www.hanse.org)*.

KASCHUBEN

Den Deutschen zu polnisch, den Polen zu deutsch: Eine Seite der jeweils Herrschenden haben die Kaschuben, Angehörige eines slawischen Volksstammes westlich von Gdynia, in ihrer Geschichte fast immer gestört. „Ein Volk zwischen Hammer und Amboss", schreibt Günter Grass, selbst kaschubischer Abstammung.

Doch das bodenständige Bauern- und Fischervölkchen behauptete sich gegen Germanisierung und Polonisierung. Etwa 35 000 Kaschuben leben heute in ihrer Heimat zwischen Słupsk, Bytów und der Danziger Bucht. Sie sprechen sogar ihre eigene Sprache. Kaschubisch ist seit der Wende wieder zu hören, an der Universität Danzig gibt es sogar einen Studiengang Kaschubistik. Dort erfährt man auch, woher der eigenartige Name stammt: Die Männer trugen früher im Winter einen dicken Pelz – die *ka schuba*.

Erst evangelisch, heute katholisch: die prächtige Danziger Marienkirche

KATHOLIZISMUS

In Polen wurden allein seit Mitte der 1990er-Jahre 2000 neue Kirchen gebaut. 95 Prozent der polnischen Bevölkerung bekennen sich zur römisch-katholischen Konfession. Der Einfluss der katholischen Kirche auf die Gesellschaft führt aber zunehmend zu Konflikten: Vor allem junge Leute kritisieren den ideologischen Druck seitens erzkonservativer Priester, die wider liberale Politik wettern und jungen Frauen die Absolution verweigern, wenn sie Sex vor der Ehe beichten.

KLAUS KINSKI

Am 18. Oktober 1926 wurde in einem Mietshaus am Zoppoter Bahnhof Nikolaus Günther Karl Nakszyński geboren. Das hätte die Welt vermutlich längst vergessen, wäre aus dem schon als Kind zu ekstatischen Wutausbrüchen neigenden Polen nicht ein weltweit beachteter Schauspieler erwachsen: Klaus Kinski, Deutschlands Filmekel, der in seinem Leben so ziemlich alles zerlegte, was ihm nicht in die Seelenlage passte. Vielleicht hätte er in einem Augenblick expressiver Wut auch die Gedenktafel an seinem Zoppoter Geburtshaus *(ul. Kościuszki 10)* abgerissen, aber die wurde erst 1994, drei Jahre nach Kinskis Tod, angebracht.

NIKOLAUS KOPERNIKUS

Geboren wurde der Astronom Nikolaus Kopernikus (auf Polnisch: Mikołaj Kopernik) 1473 in Toruń (Thorn). Doch sein Name ist untrennbar mit Frombork

STICHWORTE

(Frauenburg) verbunden. Dort lebte und wirkte er fast 40 Jahre als Domherr, und dort schrieb er auch sein Hauptwerk „De Revolutionibus Orbium Coelestium" („Von der Bewegung der Himmelskörper"), mit dem er 1521 das antike ptolemäische Weltbild vom Kopf auf die Füße stellte: Die Erde war nicht länger der Mittelpunkt des Alls. Das Grab des 1543 Verstorbenen galt als verschollen, erst 2005 entdeckten Archäologen im Dom von Frombork die mutmaßlichen Gebeine des berühmten Gelehrten. Die Identifizierung gelang durch DNA-Vergleiche mit Haaren, die man in einem Buch fand, das einst Kopernikus gehörte. Im Juni 2010 wurden seine sterblichen Überrese erneut im Fromborker Dom beigesetzt.

LEUCHTTÜRME

Wie an der Perlenschnur aufgereiht stehen sie zwischen Swinemünde und Pieska auf der Frischen Nehrung auf ihrem Posten: Leuchttürme, polnisch *Latarnia*, deren Lichtfinger bis 50 km auf die See hinausreichen. Auch in Zeiten von GPS und elektronischen Seekarten haben die festen Seezeichen nichts von ihrer nautischen Bedeutung verloren. Polens höchster Leuchtturm, mit seinen 86 m war er sogar lange Zeit der höchste weltweit, steht an der Swinemünder Hafeneinfahrt. Das höchste Leuchtfeuer strahlt von Cholpino im Slowinzischen Nationalpark ab, hier steht der Turm auf einer Düne. Die meisten Leuchttürme sind heute für Besucher offen, von oben genießen Sie einen faszinierenden Blick auf die Ostsee. Auf manchen Türmen, wie auf Kap Rozewie oder in Neufahrwasser an der Danziger Westerplatte, gibt es kleine Ausstellungen. Man kann sogar einen Leuchtturmpass erwerben und sich die Besuche abstempeln lassen – eine originelle Urlaubserinnerung *(www.latarnia.gda.pl)*.

UMWELT

Längs der Küste reihen sich Landschaftsformen aneinander, die im zersiedelten Westen selten geworden sind und die Lebensraum bieten für eine bedrohte Flora und Fauna: Salzwiesen und Hochmoore, Dünenketten und Nehrungsseen. Viele dieser sensiblen Ökosysteme stehen unter Naturschutz – die Insel Wollin mit ihren Buchenurwäldern genießt als Nationalpark höchsten Schutzstatus, die slowinzische Küste zählt zum Weltnaturerbe der Unesco. Große Teile der Pommerschen Seenplatte und der Kaschubischen Schweiz, das Stolpetal südlich von Slupsk und die Nehrungen stehen als Landschaftsparks unter Schutz. Sie sind Lebensraum für Wisente, Fischotter, Wölfe und fast 300 Vogelarten, darunter die scheuen Schwarzstörche, Sumpfohreulen, und Schreiadler, Europas seltenste Greifvogelart. Auch ihre großen Vettern, die mächtigen Seeadler, sind an der polnischen Küste heimisch, es gibt etwa 160 Paare. Zum Konzept der Ökoreservate gehört es, Naturschutz und sanften Tourismus miteinander zu verbinden. Ein Netz ausgeschilderter Wanderwege lädt in den Parks zum Naturerlebnis ein, es gibt ökologische Campingplätze und Paddelrouten.

Viele Jahrzehnte zählten die Ballungszentren in Gdynia/Gdańsk und Szczecin/Świnoujście mit ihren Industriehäfen zu den übelsten Verschmutzern der Ostsee. Der Bau von Kläranlagen und verschärfte Ökostandards haben den Zustand deutlich verbessert, der Patient Ostsee beginnt sich zu erholen. Mit Milliardenprogrammen unterstützt der Staat den Natur- und Umweltschutz im Küstenland, großzügig gefördert von der EU – vom Ausbau regenerativer Energien bis zur Förderung biologischer Landwirtschaft. Bis 2015 will Polen seine Umweltschutznormen an EU-Standards angeglichen haben.

LECH WAŁĘSA

Als die Arbeiter der Danziger Lenin-Werft am 14. August 1980 aus Protest gegen Preiserhöhungen in den Ausstand traten und sich in ihrem Betrieb verschanzten, wurde ein Mann weltberühmt: Lech Wałęsa. Die Arbeiter wählten den charismatischen Elektriker an die Spitze ihres Streikkomitees. In zähen Verhandlungen zwangen sie der moskautreuen Regierung die „Danziger Vereinbarung" ab, die die Gründung der ersten freien Gewerkschaft des Ostblocks erlaubte. Ihr Name: *Solidarność*, Solidarität. Ihr erster Vorsitzender: Lech Wałęsa. Der Koloss des Kommunismus begann zu wanken.

Wałęsas Ruhm ist verblasst – spätestens, seit er an den vollmundigen Versprechungen seiner Präsidentenzeit scheiterte. Ein Logenplatz im Geschichtsbuch Europas ist ihm immerhin sicher. Heute tourt Polens berühmtester Rentner vorzugsweise als Vortragsreisender in eigener Sache durch die Welt, vor allem die Amerikaner lieben ihn. Aus der Solidarność freilich ist er 2005 ausgetreten – ausgerechnet zum 25. Gründungsjubiläum.

WERFTEN

Seit über tausend Jahren werden an der polnischen Küste Schiffe gebaut. Anfangs waren es eher Schiffchen: Schon im 9. Jh. segelten die Pomoranen zu Raubzügen nach Dänemark. Im Mittelalter stiegen Stettin und Danzig zu Zentren des Schiffbaus auf, mit der Industrieära zu Werftkolossen wachsend. Das blieben beide Städte auch nach dem Zweiten Weltkrieg.

In Stettin liefen seit Mitte des 20. Jhs. mehr als 600 Schiffe vom Stapel, darunter die größten Frachter, die je an der Ostsee gebaut wurden. In der Danziger Werftindustrie arbeiteten in den 1980er-Jahren fast 25 000 Menschen. Doch mit der Marktwirtschaft kam das Aus, gegen die Billigkonkurrenz aus Asien kamen Danzigs Schiffbauer nicht an: Die Aufträge brachen weg. Die EU versetzte dem unrentabel gewordenen Staatsbetrieb den Todesstoß, Subventionen lehnten

DANZIG ODER GDAŃSK?

Viele Namen der Städte und Dörfer entlang der Polnischen Ostseeküste stellen Besucher aus dem Westen vor schier unüberwindliche Sprachprobleme. Szczecin, Świnoujście, Chwaszczyno: Das Polnische hält viele Zungenbrecher parat. Doch bei den Ortsnamen im nördlichen Polen handelt es sich nicht nur um ein sprachliches Problem. Vielen alten Pommern kommt Kołobrzeg und Darłowo schon deshalb schwer über die Lippen, weil die Orte während ihrer Kindheit in der alten Heimat Kolberg und Rügenwalde hießen. Andererseits werden bei vielen Polen Erinnerungen an eine unheilvolle Vergangenheit geweckt, wenn deutsche Gäste ausschließlich die früheren deutschen Bezeichnungen verwenden. Im polnisch-deutschen Miteinander sind Namen keineswegs nur Schall und Rauch. Daher nennt dieser Reiseführer im Regionenkapitel die polnischen Namen zuerst, danach die deutschen. Unter dem deutschen Namen geläufige Städte wie z. B. Danzig sowie adjektivisch benutzte Ortsnamen werden der besseren Aussprache halber eingedeutscht.

Brüssels Kommissare strikt ab. Ende der 1990er Jahre brach die Lenin-Werft zusammen.

Stettins Schiffbauer schienen den Kurswechsel besser geschafft zu haben. Die Spezialisierung auf Containerschiffe und Chemietanker füllte die Auftragsbücher, man investierte klug und kräftig. Ende der 1990er Jahre war „Stocznia Szczecińska" die größte Werft Europas, stand in der Weltrangiste auf Platz 5 und galt als polnischer Musterbetrieb.

Da brach im Schiffbau die globale Krise aus. Damit war das Ende vorgezeichnet. 2009 lief in Stettin der letzter Frachter vom Stapel, danach gingen die Lichter aus. 4500 Menschen verloren ihre Jobs. In Danzig haben ein paar kleine Reparaturwerften überlebt. In den ehemaligen Werfthallen richteten Künstler ihre Ateliers und Bühnen ein, die Stadt plant hier ein modernes Wohnviertel im Industrial-Loft-Style nach dem Vorbild der Londoner Docklands.

Die Stettiner Werft steht, in 27 Einzellose zerlegt, zum Verkauf, Investoren fanden sich bislang nicht. Dafür gibt es mittlerweile eine urbane Vision. Auf einem Teil des Werftgeländes und der Hafeninsel soll nun eine schwimmende Ökostadt wachsen, ein komplett mit erneuerbarer Energie versorgtes „grünes Venedig des Nordens" aus Appartementhäusern, Boulevards, Galerien, einem Meeresmuseum. Große Träume. Bis 2050 gibt man sich Zeit. Doch vorerst bleibt die gewaltsam stillgelegte Werft ein Mahnmal, eine offene Wunde der Stadt.

Goldene Vergangenheit: Der Schiffbau in der Stettiner Werft gehört längst der Vergangenheit an

ESSEN & TRINKEN

Jahrhundertelang war Polen eine Vielvölkerrepublik. Das schmeckt man: Russlands Piroggen sind hierzulande beliebt, aus der Ukraine kommt die berühmte Rote-Bete-Suppe. Der litauischen Tradition werden die gefüllten Pfannkuchen, der feinen jüdischen Kochkunst süß-saure Fischspezialitäten zugeschrieben.

Auch die deutsche Küche hinterließ kulinarische Spuren, man denke an das Eisbein, das hier *golonka* heißt. Urpolnisch sind *flaki*, eine Brühe aus Kutteln, *krupnik*, eine Graupensuppe mit Sellerie und Zwiebeln, und natürlich *bigos*, das Nationalgericht: ein herzhafter Eintopf aus gedünstetem Kohl und Sauerkraut, Schweinefleisch, Speck und Zwiebeln, der oft mehrmals aufgekocht wird und von mal zu mal besser schmeckt. *Bigos* gibt es in zahllosen Variationen, jede Hausfrau schwört auf ihr Rezept. Eine eigene regionale Küche hat Polens Norden nicht. Typisch für die Küste ist natürlich Fisch. Den gibt es fangfrisch in jedem Fischerdorf und auf vielerlei Art zubereitet: gebraten *(ryba smażona)*, geräuchert *(ryba wę-dzona)*, gekocht oder in Aspik *(ryba w galarecie)*. Raffiniert kommt *ryba w sztormiaku* daher – Fisch im Wettermantel, mit allen Zutaten in Pergament verpackt und gebacken, wodurch er ein wunderbares Aroma erhält. Beliebt ist Lachs *(łosoś)* und natürlich Aal *(węgorz)*. Zu einem polnischen Mittagessen gehört auch an der Küste unbedingt eine Suppe. Die Polen sind Europameister im Suppenessen, einer Statistik zufolge löffelt

Bild: Kalbsroulade mit Pilzfüllung

Wie überall in Polen ist die Küche gut und kräftig. An der Küste aber spielt sie einen weiteren Trumpf aus: leckeren Fisch

jeder Einwohner des Landes pro Jahr fast 80 l in sich hinein. Allseits beliebt ist *barszcz,* die herzhafte Rote-Bete-Suppe des Ostens, aber auch *kapuśniak* aus Sauerkraut und Lauch. Im Sommer isst man gern *chłodnik,* eine vorzugsweise aus Roter Bete hergestellte, sahnige, erfrischende Kaltschale. Köstlich schmeckt *chłodnik* in der Kombination aus frischen Gurken, Dill und Kefir. Jedes Restaurant, das etwas auf sich hält, bietet auf der Speisekarte zumindest die Suppenklassiker an, manchmals gibt's auch ausgefallene Variationen, etwa Sauerampfer- *(szczawiowa)*, Brennessel- *(pokrzywowa)* oder Zwiebelsuppe *(cebulowa)*. In Kaschubien sollten Sie unbedingt Nusssuppe *(zupa orzechowa)* probieren, eine lokale Delikatesse.

Die polnische Küche gilt als deftig und gehaltvoll. In sich hat es vor allem der Hauptgang, zu dem die Polen gern Fleisch essen, das möglichst in schwerer, gut gewürzter Soße schwimmt, z. B. Schweine- und Rinderbraten. Verwirrung stiften einige Fleischbezeichnungen auf

SPEZIALITÄTEN

- **barszcz** – Die Rote-Bete-Suppe gibt es in der klaren Form *(barszcz czysty)*, mit gefüllten Teigtaschen *(z uszkami)*, Fleischkrokette *(z krokietem)* oder sahnig-süß *(barszcz zabielany)* (Foto li.)
- **bigos** – Polens Nationalgericht. Krauteintopf aus gedünstetem Weißkohl, Pilzen, Schweinefleisch und Speck (Foto r.)
- **chłodnik** – Kaltschale aus Roter Bete, mit Dill, gehacktem Ei und Gurken
- **flaki** – pikant-scharf gewürzte Brühe aus gekochtem Kuhmagen (Kutteln)
- **golonka** – gebratenes Eisbein, mit Sauerkraut *(kapusta kiszona)* serviert
- **gołąbki** – mit Hackfleisch und Reis gefüllte Kohlrouladen
- **kaczka pieczona z jabłkami** – Entenbraten mit Schmoräpfeln
- **karp po żydowsku** – Karpfen auf jüdische Art, mit Mandeln und Rosinen zubereitet, eine Danziger Delikatesse
- **kasza gryczana** – Die Buchweizengrütze ist, gebraten oder geröstet, eine typische Beilage zu Schweine- und Rinderbraten
- **naleśniki z serem** – Pfannkuchen mit Quark
- **pierogi** – gefüllte Teigtaschen. Auf russische Art *(pierogi po rusku)* sind sie mit Zwiebeln, Quark und Käse gefüllt. Beliebt sind *pierogi* mit Fleisch *(z mięsem)* und Kohl *(z kapustą)*
- **ryba wędzona** – Räucherfisch, die Spezialität der Küste. Wenn *węgorz wędzony* angeschrieben steht, ist Räucheraal gemeint
- **zrazy zawijane** – mit Pilzen gefüllte Rouladen, dazu gibt's traditionell Graupen *(kasza)* und saure Sahne
- **żurek** – saure Roggenmehlsuppe, die altpolnische Spezialität ist praktisch überall zu bekommen

der Speisekarte. So steckt hinter dem *sznycel* oft eine große Frikadelle, auch das *kotlet mielony* ist aus Hackfleisch. Statt der klassischen Salzkartoffeln *(ziemniaki)* werden in Polen als Beilage auch oft *kasza gryczana*, gerösteter Buchweizen oder Pommes frites, poln. *frytki*, gereicht.

An guten Restaurants und Cafés herrscht im Norden Polens längst kein Mangel mehr. In den letzten Jahren rollte eine Modernisierungswelle die Küste entlang, und immer noch eröffnen jeden Sommer neue Lokale. Die Spanne reicht von Fastfood bis à la carte, vom allgegenwärtigen Imbiss bis zur gutbürgerlichen Küche.

www.marcopolo.de/ostsee-polen

ESSEN & TRINKEN

Sehr beliebt sind Straßencafés und urige Kneipen, ob in rustikalen Gewölbekellern oder in ausgebauten ehemaligen Mühlen. Auch die berühmt-berüchtigte *bar mleczny* hält sich immer noch. Hinter dieser spröden Institution aus sozialistischen Zeiten steckt schon lange keine „Milchbar" mehr, sondern es sind einfache Selbstbedienungskantinen, in denen jene essen, die sich teure Restaurants nicht leisten können. Es schmeckt hier gar nicht schlecht, und das Essen ist unschlagbar günstig.

Neben der einheimischen Gastronomie hat auch die internationale Konkurrenz Wurzeln geschlagen. Armenisch, griechisch, vietnamesisch, mexikanisch oder indisch. Selbst in vielen kleineren Orten gibt es mittlerweile chinesische Kost – und meist auch einen Italiener. Letztere sind beliebte Jugendtreffs.

Zum Finale eines gutes Essens gehört in Polen ein Dessert, gern Eis *(lody)*, süße Milchpuddings *(budyń)* oder ein Stück Kuchen *(ciastko)*. Dazu trinkt man Kaffee *(kawa)*, der traditionell im Glas (Vorsicht, heiß!) mit Satz serviert und gebrüht wird, das nennt sich dann „türkisch" – *po turecku*. Gute Restaurants und Cafés sind aber längst zur üblichen Palette an Espresso, Latte Macchiato und Cappuccino übergegangen.

Das Nationalgetränk im Land ist Tee. Ihren *herbata* trinken die Polen zu jeder Tageszeit, und immer mit viel Zucker. Sollten Sie eingeladen sein, wird es sicher nur wenige Minuten dauern, bis heißer Tee auf dem Tisch steht – eine Geste der Gastfreundschaft. Auch Bier wird in Polen immer populärer. Marktführer im Norden sind das helle, leichte *Żywiec*, das dunklere *Okocim* und die Sorten der polnisch-australischen Brauerei *EB* aus Elbląg. Würzig kommt das *Hevelius* daher. Probieren sollten Bierfans das in Danzig gebraute *Kaper* – doch Vorsicht: Starkbier! Zu einem gehaltvollen Menü gehört traditionell Wodka. In der Vielfalt stehen die polnischen Hersteller ihren östlichen Konkurrenten keinesfalls nach. Es gibt Dutzende Sorten, vom *Wyborowa*, dem „Erwählten" bis zur Luxusmarke

Stimmungsvoller Ort für eine Pause: Cafe in der Danziger Rechtstadt

Chopin, daneben allerhand exotische Kreationen wie Kirschwodka *Wiśniówka* oder *Żubrówka:* Wodka mit einem Halm Büffelgras aus dem Biełowieża-Urwald drin. Als besonders stark gilt der nach jüdischer Tradition hergestellte *Koszerna,* und wer es wirklich wissen will: Wodka *Pajsachówka* hat 75 Prozent. Getrunken wird das Zeug eiskalt. *Na Zdrowie!*

26 | 27

EINKAUFEN

Zum Shoppen werden wohl die wenigsten an Polens Ostseeküste reisen, dabei lohnt sich das durchaus. Vor allem Danzig hat vom Dominikanermarkt bis zu ultramodernen Shoppingcentern alles zu bieten, was das Einkaufsbummeln spannend macht. Supermärkte, die alles führen, was es für den Urlaubsalltag so braucht, gibt es in jeder größeren Stadt.

BERNSTEIN

Am „Gold der Ostsee" scheiden sich die Geister. Man kann es mögen oder altmodisch finden: Noch immer ist Bernstein beliebtestes Mitbringsel von der Ostsee. Und wer dabei an Omas Broschen denkt, wird in Danzig eines Besseren belehrt. Die Bernsteinmeister in den Läden rings um die Marienkirche gelten als die Besten ihrer Zunft weltweit und verstehen sich auf extravagante Schmuckstücke ebenso wie auf Ausgefallenes vom Bilderrahmen bis zum Schachspiel. An Kitsch freilich herrscht auch kein Mangel. Am besten kaufen Sie Bernstein *(bursztyn)* in Danzig in der ul. Szewska und der ul. Mariacka oder auch in der **INSIDER TIPP** Bursztynowa Komnata *(Długie Pobrzeże 1)*. Hier finden Sie die wohl reichhaltigste Auswahl hochwertiger Juwelierarbeiten aus den „baltischen Brillanten" in der ganzen Stadt. Imitate sind nicht immer leicht zu erkennen. Sehr gleichmäßig gefärbte Stücke bestehen oft aus minderwertigem Pressbernstein *(Bernat)* oder Kunststoff. Echter Bernstein schwimmt in Salzwasser, lädt sich statisch auf, wenn man ihn an Stoff reibt – und brennt gut, mit aromatischem Rauch. Letztere Eigenschaft ist allerdings kaum testtauglich.

KITSCH & KUNST

Eine Fundgrube ist die Danziger Rechtstadt auch für Kunsthandwerk, Schiffsmodelle und maritimen Nippes. Auch in Antiquariaten lohnt es sich zu stöbern. Zwar sind echte Raritäten seit dem Anschwellen des Tourismus selten geworden. Und auch auf dem Dominikanermarkt Anfang August siegt Kitsch immer mehr über Kunst. Doch das Kaufen und Feilschen ist immer noch ein Erlebnis.

MODE

Natürlich bietet eine Metropole wie Danzig auch viele moderne Läden und Modeboutiquen internationaler Labels. Ein Hotspot für Modebewusste ist die Desig-

Kitsch und Kunst, Mode und Musik: Danzigs Altstadt ist ein Paradies für Souvenirjäger, Einkaufsbummler und Bernsteinfans

nerboutique *Forget Me Not Fashion* in der *ul. Długi Targ 8–10 (www.forgetmenot.pl)*, wo unter anderem die exklusiven Kollektionen von Michał Starost zu haben sind . Der Modestar aus Sopot steht für eine neue Generation ambitionierter polnischer Schneider, die den internationalen Markt mit experimentell-wagemutigen Schnitten aufmischen. Eine große Auswahl internationaler Marken von Boss bis Zara bietet das *Madison-Park-Center (ul. Rajska 10 | www.madison.gda.pl)*, ein riesiger supermoderner Shoppingtempel am Rand der Altstadt.

MUSIK

Ein guter Tipp sind auch Musikläden: CDs sind in Polen günstiger, die Auswahl bei Klassik und Jazz (große und bunte nationale Szene!) ist ausgesprochen gut. Ein gut sortiertes Angebot an CDs, DVDs und Multimedia vom aktuellen polnischen Chartbreaker bis zu internationalen Top-Acts finden Musikfans in Danzig im *EMPiK-Megastore (ul. Podwale Grodzkie 8 | www.empik.com)*, gegenüber vom Hauptbahnhof. Weitere findet man in der *ul. Długi Targ 28/29*, wo es auch internationale Presse und englischsprachige Bücher gibt .

VOLKSKUNST

In den Desa- und Cepelia-Läden finden Sie Volkskunst nicht nur von der Küste, sondern aus allen Teilen Polens. In Danzig finden Sie Cepelia-Läden in der *ul. Długa 47, ul. Jagiellońska 10* und in der *ul. Grunwaldzka 31 (www.cepelia.pl)*. Eine gute Adresse für authentisches Kunstgewerbe ist die Kaschubische Schweiz. Traditionsreiche Handarbeiten wie bestickte Decken, aber auch die Keramik der Kaschuben sind in ganz Polen berühmt. Rings um das Fischerdorf Tolkmicko am Frischen Haff lebt die Kunst des Holzschnitzens. Im Sommer werden an Straßenständen schöne, originelle, mitunter skurrile Arbeiten angeboten.

DIE PERFEKTE ROUTE

VINETA, KURPARK, POMMERNSCHLOSS

Ihre Küstentour starten Sie am besten in ❶ *Stettin* → S. 32. Über der Oder thront das Museumsschloss der Pommernherzöge, von der Hakenterrasse legen Schiffe zu Seh-Fahrten durch den Hafen ab. Auf der E 65 geht es anschließend in Richtung Ostsee, in ❷ *Wolin* → S. 41 begeben Sie sich auf die Spuren des legendären Vineta, das hier versunken sein soll. Schon naht ❸ *Swinemünde* → S. 38, das Kurviertel ist zum Bummeln schön, und im Café Amsterdam kommen Sie an den Eisbechern nicht vorbei. Quasi nebenan liegt ❹ *Miedzyzdroje* → S. 41, Lieblingsbad der polnischen Filmstars. Die Küstennebenstraße 102 führt mitten durch den majestätischen Buchenwald des ❺ *Woliński-Nationalparks* → S. 41. Schnüren Sie die Wanderstiefel und begegnen Sie den Wisenten in ihrem Reservat.

AN DIE POLNISCHE RIVIERA

Nun geht's immer an der Küste entlang, die Ostsee liegt verlockend nah, also: Badesachen bereithalten. Den feinsten Strand gibt's bei ❻ *Pobierowo* → S. 40, auch polnische Riviera genannt. Ein Stück weiter in ❼ *Niechorze* → S. 40 (Foto l.) ist viel Meer zu sehen, wenn Sie zum Leuchtturm aufentern, in der Ferne flimmert schon ❽ *Kołobrzeg* → S. 42. Dort haben Sie die Wahl: über die dichtbevölkerte Promenade flanieren oder erst mal zur Abkühlung ins Wasser? Anschließend frischen Räucherfisch probieren, Segelboote gucken und unbedingt noch in die wieder aufgebaute Altstadt.

SALZIGES WASSER AUS DER TIEFE

Von der Küste ins Binnenland: Sie fahren auf der 163 nach ❾ *Połcyn Zdrój* → S. 47, das Kurbad am Rand der Pommerschen Seenplatte, berühmt für sein Mineralwasser. In der Trinkhalle im Kurpark können sie das heilsame Salzwasser probieren. Die hügelige Umgebung lädt mit tollen ausgeschilderten Wegen zum Wandern und Radfahren ein. Wie blaue Augen glänzen die Seen in der Landschaft, für Paddler ein Paradies auf Erden. Die schönsten Trails gibt's im ❿ *Fünf-Seen-Tal* → S. 47. Auf dem Rückweg zum großen Salzwasser auf der 167 über ⓫ *Koszalin* → S. 48 führt die Straße kurz vor der Küste am Lagunensee ⓬ *Bukowo* → S. 51 vorbei. Fernglas dabei? Die ehemalige Ostseebucht ist als Wasservogelparadies berühmt. In ⓭ *Darłowo* → S. 50 machen Sie sich schnell auf die Suche

www.marcopolo.de/ostsee-polen

Erleben Sie die vielfältigen Facetten der Polnischen Ostseeküste von Stettin nach Danzig mit Abstechern ins malerische Hinterland

nach dem bis heute verschollenen Schatz von Piratenkönig Erik, danach ist es nur noch ein Katzensprung bis zum Fischerdorf ⑭ *Darłowko → S. 50*, im Sommer fest in Urlauberhand. Fliegen Sie hier im Power-Schlauchboot mit 600 PS über die Wellen!

IM LAND DER SLOWINZEN UND KASCHUBEN

Nach Zwischenstopps in ⑮ *Ustka → S. 61* und ⑯ *Słupsk → S. 58* bummeln Sie auf der 213/214 ganz entspannt nach ⑰ *Łeba → S. 60*, dem Tor zum Slowinski-Nationalpark. Der Aufstieg zu den Wanderdünen der „Polnischen Sahara" ist ein Muss. Noch einmal bleibt die Küste für einen Abstecher zurück, es geht in die Kaschubische Schweiz. In ⑱ *Kartuzy → S. 90* schlägt ihr kulturelles Herz, im Ethnografischen Museum erfahren Sie mehr über ihre alte Kultur. Auf der ⑭ *Halbinsel Hel → S. 52* liegen dann in Jastarnia und Jurata die Hotspots der Wind- und Kitesurfer.

GOLD DER OSTSEE UND ELEGANTER TRAUMSTRAND

Zurück auf dem „Festland", genießen Sie die Stille im beschaulichen Fischerstädtchen ⑳ *Puck → S. 58*, ehe *Trojmiasto* erreicht ist, die Dreistadt-Metropole ㉑ *Gynia/Sopot/Gdańsk → S. 62*. Beim Sightseeing in der berühmten Danziger Rechtstadt finden Sie in der *Frauengasse* (Foto l.) die besten Bernsteinjuweliere der Welt. Und wer Danzig besichtigt, muss auch ㉒ *Sopot → S. 76* sehen: Wo könnte diese Reise besser enden als am Traumstrand des elegantesten Seebads der polnischen Ostseeküste?

**865 km. Reine Fahrzeit: 14 Stunden
Empfohlene Reisedauer: 10 Tage
Detaillierter Routenverlauf auf dem hinteren Umschlag, im Reiseatlas sowie in der Faltkarte**

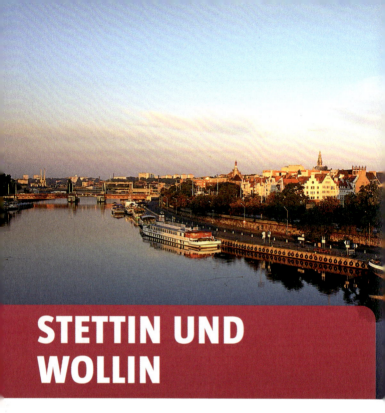

STETTIN UND WOLLIN

Wer aus dem Westen anreist, für den ist Stettin ein Eingangstor. Weit offen steht es und bringt die Besucher zum Staunen: Stadt und Umland boomen. Stettin ist Sitz der Euroregion „Pomerania". Auch touristisch hat die Region viel zu bieten und zieht mit der schönen Natur zwischen Oderdelta, Stettiner Haff, der Insel Wollin und den Seebädern Świnoujście und Międzyzdroje viele deutsche Gäste an.

SZCZECIN (STETTIN)

KARTE AUF S. 126
(120 A–B 5–6) *(B6)* **Das Industriezentrum an der Oder (406 000 Ew.),** kulturelles Herz von Pomorze Zachodnie (Westpommern), war lange eine Stadt nicht zueinander passender Bilder: Plattenbauten, dazwischen wenige erhaltene historische Straßenzüge und vereinzelt wieder aufgebaute Baudenkmale. Wirklich zu wandeln begann sich das Stadtbild erst nach dem Ende des Sozialismus. Seither legt sich Stettin mächtig ins Zeug. Ein gelungenes Beispiel: die rekonstruierte Altstadt.

SEHENSWERTES

ALTES RATHAUS (STARY RATUSZ)
Mit seinem filigranen Ziergiebel gaukelt es hanseatisches Alter vor, doch das Rathaus ist ein Neubau, dem spätgotischen, Mitte des 15. Jhs. erbauten Original nach-

Bild: Stettin mit dem Greifenschloss

Stettin ist wie keine andere polnische Stadt auf der Suche nach der eigenen Identität – und nach der zukünftigen Rolle in Europa

CITY WOHIN ZUERST?

Bahnhof *(Szczecin Glowny)*: Fernzüge und Busse kommen hier an, es gibt bewachte Parkplätze. Auf dem Weg in die Altstadt kann man entweder an der Oder entlangspazieren oder am Roten Rathaus vorbei in Richtung Jakobi-Dom laufen. Vom benachbarten Busbahnhof aus fahren Bus und Straßenbahn durch das Zentrum.

empfunden wie die gesamte Altstadt ringsum. Der Giebelmix aus barocken Patrizierhäusern und modernen Fassaden wirkte anfangs etwas steril. Doch mit den Läden und Kneipen zog Leben ein in das Viertel. Am nordöstlichen Rand der Altstadt steht nahe der lärmenden Hauptstraße Trasa Zamkowa noch etwas wirklich altes: die sogenannte *Jungfern- oder auch Siebenmantelbastion (Baszta Siedmiu Płaszczy)* aus dem 14. Jh., letzter erhaltener Eckzahn der mittelalterlichen Stadtbefestigung. Im Rathaus: das sehens-

SZCZECIN (STETTIN)

werte *Museum für Stadtgeschichte (Muzeum Miasta Szczecina | Di–So 10–17 Uhr | ul. Mściwoja 8 | www.muzeum.szczecin.pl)*.

GRUNWALD-PLATZ (PLAC GRUNWALDZKI)
Bürgerhäuser, Boulevards und sternförmig auseinander strebenden Straßen verleihen dem Platz französisches Flair. „Pariser Viertel" nennt sich dieser gründerzeitlich-neustädtische, meisterlich res-

HAFENTOR (BRAMA PORTOWA)
Die Initialen des barocken Prunktores, auch Berliner Tor genannt, erinnern an Preußenkönig FriedrichWilhelm I., der das Tor vom holländischen Meisterarchitekten Cornelius van Wallrave bauen ließ, nachdem er Stettin 1720 von den Schweden gekauft hatte – „für einen gerechten Preis". Tatsächlich war die Summe lächerlich: 2 Mio. Taler. *Pl. Brama Portowa*

Pompös thront die Hakenterrasse am Uferhang der Oder

taurierte Teil Stettins zwischen Grunwald-, Rodła-, und Lotników-Platz tatsächlich auch – inspiriert angeblich vom Präfekten Georges Haussmann, der Mitte des 19. Jhs. das „neue Paris" gestaltete.
Heute pulsiert rings um den Grunwald-Platz das Leben des modernen Szczecin. Am Rodła-Platz steht das Pazim-Einkaufscenter mit seinen schicken Läden. Fahren Sie mit dem Lift in die 22. Etage des Radisson-Turms. Vom INSIDER TIPP **Café 22** (*Tel. +48 91 3 59 52 00 | www.cafe22.pl | €€*) aus haben Sie einen tollen Blick auf Stettins Neustadt.

HAKENTERRASSE (WAŁY CHROBREGO) ★
Einen halben Kilometer zieht sich die Promenade an der Oder hin, gesäumt von einem wuchtigen Ensemble Stettiner Repräsentationsarchitektur. Anfang des 20. Jhs. im Stil der Neorenaissance als Regierungssitz erbaut, findet sich hier, neben Wojewodschaftsamt und Hochschule für Seewirtschaft, das sehenswerte *Meeres- und Schifffahrtsmuseum (Muzeum Morskie | Di–So 10–17 Uhr | Wały chrobrego 3)*. Vieles, was Hansekaufleute von ihren Seereisen und Archäologen von

STETTIN UND WOLLIN

ihren Tauchgängen mitbrachten, ist hier zu bestaunen, unter anderem das Wrack eines mittelalterlichen Handelsschiffes. Unterhalb des Museums legen an der Terrasse Ausflugsschiffe zu Hafenrundfahrten und INSIDER TIPP Flusskreuzfahrten in die stillen Nebenarme der Oder ab (*Żegluga Morska | ul. Jana z Kolna 7 | April–Okt tgl. | Tel. +48 91 4 34 57 00 | www.statek.pl*). Sie können sich auch mit dem *Tragflächenboot (www.wodolot-szczecin.pl)* nach Swinemünde „fliegen" lassen. Der deutsche Name der Terrasse erinnert an den einstigen Bürgermeister Hermann Haken, unter dessen Regie sie zwischen 1902 und 1921 entstand. Heute heißt der Boulevard nach dem ersten polnischen König Bolesław I. Chrobry, dem „Tapferen".

HERZOGSCHLOSS (ZAMEK KSIĄŻĄT POMORSKICH) ★ ● ≱

Die frühere Residenz der pommerschen Herzöge, hoch über der Oder thronend, ist historische Keimzelle und Kulturzentrum des modernen Stettin, mit Schlossoper, Tourismusbüro, Theaterbühne, Konzertsaal und dem INSIDER TIPP Galeriezentrum zeitgenössischer Kunst.
Seit dem 13. Jh. residierten hier die Fürsten des slawischen Greifengeschlechts. Aus der gotischen Burg wuchs das vierflügelige Schloss, 1577 im Stil der italienischen Renaissance umgestaltet. Alles, was heute auf dem Schlossberg steht, ist eine akribische Nachbildung. Bei den Wiederaufbauarbeiten entdeckte man die *Krypta* der mittelalterlichen Stiftskirche wieder. In der Gruft standen 14 Sarkophage mit den Gebeinen der Pommernfürsten. Sechs sind im *Schlossmuseum (Galeria Gotycka | tgl. 10–17 Uhr)* zu sehen. Die Krypta dient nun als Theater. Ein Hit des Schlossrundgangs ist die *Astronomische Uhr* am Turm, ein technisches Unikum aus dem Jahr 1693. 60 m hoch ist der ≱ *Uhrenturm* (schönster Panoramablick). *Di–So 10–18 Uhr | ul. Korsarzy 34 | www.zamek.szczecin.pl*

JAKOBIKIRCHE (KOŚCIÓŁ ŚW. JAKUBA) ★

Machtvoll überragt der 70 m hohe Turm der größten Kirche Pommerns die Altstadt, ein Monument der Backsteingotik. Die Gründungszeit des Doms reicht in das späte 12. Jh. zurück, man baute fast 200 Jahre an der riesigen Kirche. Als architektonische Meisterleistung gilt das Fenster über der Empore: Es ist 87 m hoch. Von der prachtvollen Innenausstattung (es gab einst 54 Altäre) blieb bis auf die Reste zweier gotischer Flügelaltäre wenig erhalten. Doch imposant ist schon die Größe der Kathedrale, die 10 000 Menschen Platz bietet und oft für Konzerte genutzt wird. Vor dem Dom hängt die 1682 gegossene, 6 t schwere Glocke. 200 Jahre war sie verschollen, erst bei den Wiederaufbauarbeiten fand man sie, eingemauert in einer Wand.

MARCO POLO HIGHLIGHTS

★ **Hakenterrasse (Wały Chrobrego)**
Prachtpromenade und Lieblingstreffpunkt Stettins → S. 34

★ **Herzogsschloss (Zamek Książąt Pomorskich)**
Im Stettiner Schloss residierten die Fürsten des mächtigen Greifengeschlechts → S. 35

★ **Jakobikirche (Kościół św. Jakuba)**
Pommerns größte Kirche → S. 35

★ **Woliński-Nationalpark**
Wanderungen in die Urwaldreviere der Seeadler → S. 41

SZCZECIN (STETTIN)

KÖNIGSTOR (BRAMA KRÓLEWSKA)
Durch die Kriegszerstörungen seiner historischen Umgebung beraubt, steht das barocke Tor (1727) seltsam frei zwischen den Straßen am lauten Platz der Preußischen Huldigung *(plac Hołdu Pruskiego)*. Name und Wappen im Triumphbogen erinnern an Preußenkönig Friedrich Wilhelm I. und daran, dass hier einst die Stadtmauer verlief. Sie wurde um 1875 abgerissen, es hätte nicht viel gefehlt, und man hätte das Portal, einen reinen Schmuckbau, gleich mit geschleift. Heute trifft sich auf seiner Rückseite im `INSIDER TIPP` Szeneclub Brama *(tgl., oft Livemusik | Tel. +48 91 8 04 62 95 | www.brama.szczecin.pl | €€)* ein munteres Jazz-Völkchen. In der Mitte des großen Platzes markiert ein Schiffsmast die Stelle des alten Stettiner Stadttheaters. Dahinter stehen, klassizistisch aufgehübscht, die *Professorenhäuser (Kamienice profesorskie)*, in denen einst die Lehrer des mittelalterlichen Marienstifts wohnten.

LOITZHAUS (KAMIENICA LOITZA)
Der Palast der Patrizierfamilie Loitz (heute Kunstschule) ist das prachtvollste Beispiel spätgotischer Profanarchitektur in Stettin. Die Familie Loitz gehörte im 16. Jh. zu den einflussreichsten Kaufmannsdynastien Europas. *ul. Panieńska*

NATIONALMUSEUM (MUZEUM NARODOWE)
Große Retrospektive pommerscher Geschichte vom Mittelalter bis in die frühe Neuzeit mit archäologischen Funden, sakralen Schätzen, Kunsthandwerk. Wer sich für moderne Malerei begeistert, sollte die *Galerie der Polnischen Gegenwartskunst* gleich gegenüber dem Hauptgebäude nicht verpassen. Die Ausstellung schlägt einen Bogen von den Klassikern der Frühmoderne bis zu jungen Werken Stettiner Maler. *Di–So 10–17 Uhr | ul. Staromłyńska 27*

PETER-UND-PAUL-KIRCHE (KOŚCIÓŁ ŚŚ. PIOTRA I PAWŁA)
Die kleine spätgotische Backsteinkirche (um 1480) hat alle Stürme der Zeit fast unbeschadet überstanden. Terrakottaköpfe mit den Porträts Stettiner Bürger schmücken ihre Mauern. Innen ist das hölzerne (!) Barockgewölbe sehenswert. Sie steht an der Stelle der ältesten Kirche der Stadt. *trasa Zamkowa*

LOW BUDG€T

▶ Im Innenhof des Greifenschlosses in Stettin gibt es im Sommer fast täglich Konzerte von Klassik bis Jazz, meist zu sehr günstigen Preisen, oft gratis. Ankündigungen im Touristenbüro

▶ Ein Besuch der legendären Polenmärkte lohnt sich immer noch: der Schnäppchenjagd, auch auch des basarhaften Ambientes wegen. Direkt an den Grenzübergängen von Stettin und Swinemünde.

ESSEN & TRINKEN

CHATA
Der Klassiker gehobener Gastronomie Stettins ist eingerichtet wie ein Landgasthaus. Altpolnische und pommersche Spezialitäten vom Feinsten. *Pl. Hołdu Pruskiego 8 | Tel. +48 91 4 88 73 70 | €€€*

CHIEF
Eines der besten Fischrestaurants Polens und Stettins unbestrittene Nr. 1. Besitzer Andrzej Boron hält in seinem Lokal am Grunwaldski-Platz Dutzende regionale bis exotische Spezialitäten bereit. *ul. Ray-*

skiego 16 | Tel. +48 91 4 88 14 17 | www. chief.com.pl | €€

CHROBRY
Dasjenige von den drei rustikalen Restaurants in den Pavillons der Hakenterasse, das vor allem polnische Spezialitäten serviert. Schön sitzt es sich im Sommer draußen, auf dem „Balkon von Stettin" – mit Premiumblick auf Schiffe und Leute. *Tgl. | Wały chrobrego 1b | Tel. +48 91 4 88 01 63 | www.chrobrypub.pl | €€*

INSIDER TIPP HAGA
Was „Pannekoeken" sind, versteht wohl jeder. Die gibt es hier in 300 Variationen. *ul. Sienna 10 | Tel. +48 91 8 12 17 59 | €*

EINKAUFEN

Stettins City-Shoppingmeile liegt rings um den Grunwald-Platz. Im gläsernen *Pazim-Center (tgl. 10–22 Uhr | ul. Rodła | www.pazim.pl)* unter dem modernen Radisson-Hotel gibt es westliche Markenmode, Elektronik & Co. Noch größer: die *Galerija Galaxy (Mo–Sa 9–21, So 10–20 Uhr | al. Wyzwolenia 18 | www.galaxy-centrum.pl)* nördlich der Altstadt mit riesigem Tesco-Supermarkt.

AM ABEND

Das Viertel rings um Strary Rynek und Altstädtisches Rathaus hat sich zu Stettins beliebtester Ausgehadresse gemauert, hier gibt es etliche angesagte Lokale wie die In-Kneipe *Prawda (ul. Wielka Odrzanka 20)*, zu deutsch Wahrheit, oder die Weinbar *U Wyszaka* im Gewölbekeller des Alten Rathauses. Ebenfalls in einem alten Ratskeller, nur im Roten Rathaus in der Nähe des Bahnhofs, legen an Wochenenden Stettins beste DJs auf: Die *Town Hall (ul. Dworcowa 1)* zählt zu den Dance-Spots der Oderstadt. Das

STETTIN UND WOLLIN

INSIDER TIPP *Teatr Kana (tgl. | Pl. śś Piotra i Pawła 4/5, an der Peter-und-Paul-Kirche | Tel. +48 91 4 33 03 88)* ist ein interessanter Mix aus Café, Pub und Theater, abends gibt's oft Livemusik, Konzerte und ausgefallenes Schauspiel.

Wolkenspiegel: Pazim-Center

ÜBERNACHTEN

ATRIUM
Neues Komforthotel im Zentrum, modern und edel, feines italienisches Restaurant. *30 Zi. | al. Wojska Polskiego 75 | Tel. +48 91 4 24 35 32 | www.hotel-atrium.pl | €€€*

CAMPANILE
Modernes Mittelklassehotel mit kitschfrei möblierten Zimmern, sehr gutes Preis-Leistungs-Verhältnis. *85 Zi. | ul.*

ŚWINOUJŚCIE (SWINEMÜNDE)

Wyszyńskiego 30 | Tel. +48 91 4 81 77 00 | www.campanile.com.pl | €

PARK HOTEL
Preisgekröntes Boutique-Hotel in einer hundert Jahre alten, stilvoll restaurierten Villa. Das Restaurant zählt zum Besten, was die Stadt zu bieten hat. *26 Zi. | ul. Plantowa 1 | Tel. +48 91 4 34 00 50 | www.parkhotel.szczecin.pl | €€–€€€*

VICTORIA
Von einem polnisch-deutschen Paar freundlich geführtes Altstadthotel zwischen Bahnhof und Berliner Tor. Im Restaurant hat ein Sammelsurium Altstettiner Antiquitäten Asyl gefunden. *38 Zi. | pl. Patorego 2 | Tel. +48 91 4 34 38 55 | www.hotelvictoria.com.pl | €€*

AUSKUNFT

CENTRUM INFORMACJI
Im Schloss. Hier gibt es auch Konzerttickets. *ul. Korsarzy 34 | Tel. +48 91 4 89 16 30 | www.szczecin.pl*

TOURIST INFORMATION
Viele Infos, auch in Deutsch, Ausflugstipps, Stadtrundfahrten, Privatquartiere, sehr hilfsbereit. Hier gibt's auch die Broschüre „Szczecin zu Fuß", das Begleitheft zur ● Roten Route: Der ca. 7 km lange City-Wanderweg *(Miejski Szlak Turystyczny)* hat alles Sehenswerte im Programm. Folgen Sie einfach den roten Markierungen auf dem Gehweg. *al. Niepodległości 1a | Tel. +48 91 4 34 04 40*

ZIELE IN DER UMGEBUNG

PUSZCZA BUKOWA (PARK BUCHHEIDE) (120 B6) (*M B6*)
200 km Wanderwege durchziehen den Waldpark (10 km südlich) mit seinem kristallklaren **INSIDER TIPP Smaragdsee** *(Jezioro Szmaragdowe)*. Wenn sich das Sonnenlicht im Wasser bricht, schimmert der See tatsächlich wie ein Smaragd. Bester Ausgangspunkt: der Stadtteil Zdroje.

STARGARD SZCZECIŃSKI (STARGARD) (120 C6) (*M C6*)
Die Spitze von *St. Johannes* und der Turm der gotischen *Marienkirche,* für viele die schönste Kirche Pommerns, überragen die Häuser Stargards (35 km). Die alte Hansestadt hat unter dem Krieg arg gelitten. Nur um den *Markt* herum lebt noch die alte Schönheit. Berühmt geworden ist die Stadt durch ihre Koordinaten: Stargard liegt genau auf dem 15. Grad östlicher Länge. Die mitteleuropäische Zeit hieß einst auch „Stargarder Zeit". Ein **INSIDER TIPP** *Meridianstein (ul. Szczecińska)* erinnert daran *(www.cit.stargard.com.pl)*.

ŚWINOUJŚCIE (SWINEMÜNDE)

(120 A3) (*M A4*) **Wie kein anderes Seebad an der polnischen Küste ist Świnoujście (44 000 Ew.) von internationalem Flair geprägt.**

Die deutsch-polnische Grenze liegt am Stadtrand, im Hafen liegen die Fähren aus Schweden und Dänemark. Als Seebad hat Swinemünde Tradition. Es war die „Badewanne Berlins", feiner Ferienort der Stars und Sternchen. Heute pulsiert das Sommerleben schon fast wieder wie in den goldenen Zeiten.

SEHENSWERTES

KURVIERTEL
Im Sommer verwandeln sich Swinemündes Strandpromenade *Żeromskiego* und

www.marcopolo.de/ostsee-polen

STETTIN UND WOLLIN

Die Navigationsmarke auf der Westmole von Swinemünde hat die Form einer Windmühle

ihre östliche Verlängerung *Uzdrowiskowa* in eine laute, bunte Amüsiermeile. Ruhiger sind die Straßen des Kurviertels, das die Promenade säumt. Ein Spaziergang lohnt sich schon wegen der meisterlich restaurierten Villen im Stil der Bäderarchitektur des 19. und 20. Jhs. Der um 1828 angelegte Park südöstlich des Kurviertels mit Magnolien und riesigen Platanen ist ein Werk des preußischen Gartenbaugenies Peter Joseph Lenné.

LEUCHTTURM (LATARNIA MORSKA)
68 m ragt er auf der Nordwestspitze der Insel Wollin auf – der höchste Leuchtturm Polens, nach dem Bau 1857 sogar lange Zeit der höchste der Welt. Die 308 Stufen hinauf sind kein Klacks, aber lohnen sich: Die Aussicht ist traumhaft. *Tgl. 10–18 Uhr*

MOLE (MOLO)
Beidseits der Swine-Mündung ragen mächtige Molen als Wellenbrecher in die Ostsee, angelegt im frühen 19. Jh. Am Kopf der Westmole leuchtet das Wahrzeichen Swinemündes, eine Navigationsmarke in Form einer weißen Windmühle.

ESSEN & TRINKEN

ALBAKORA
Traditionelle polnische Küche zu ordentlichen Preisen, beliebt bei den Einheimischen. *ul. Konstytucji 3 Maja 6 | Tel. +48 91 3 21 21 61 | €*

AMSTERDAM
Das Café-Restaurant mit holländischem Flair zum Sehen und Gesehen werden. Leckeres Eis. *ul. Uzdrowiskowa 12 | Promenada | Mobil +48 666 52 13 85 | €€*

KONSTELACIA
Das Restaurant serviert deftige polnische Klassiker und lässt sich gut mit einem Bummel auf die Windmühlen-Mole oder einer Besichtigung der Hafenfestung verbinden. Gespeist wird im Gewölbe (im Sommer auch im Hof) des Westforts *(Fort Zachodny)*. *ul. Jachtowa 4 | Tel. +48 91 8 52 43 50 | www.konstalcja.net | €€*

ŚWINOUJŚCIE (SWINEMÜNDE)

WIEZA
Restaurant im Turm der kriegszerstörten Lutherkirche. Von der Aussichtsplattform schöner Stadtblick! *ul. Paderewskiego/Piłsudskiego | Mobil +48 500 00 17 12 | €*

STRAND

Swinemünde und *Międzyzdroje* sind für den breiten Strand berühmt. Im Sommer ist es hier rappelvoll. Weiter östlich auf der Insel Wolin wird es ruhiger, z.B. bei *Grodnow,* 5 km nordöstlich von Międzyzdroje. Einer der beliebtesten Strandabschnitte der Küste liegt zwischen Pobierowo und Pogorzelica. Vor allem *Pobierowo* und das Leuchtturmdorf *Niechorze* sind Partyzonen mit zahllosen Bars und Biergärten. Etwas weniger überlaufen sind *Rewal* und *Trzęsacz*. Die „pommersche Riviera" ist über die Küstenstraße 102 gut zu erreichen. Vorsicht: Östlich von Pogorzelica ist der Strand gesperrt, dort übt (und sonnt) sich das Militär. Zugänglich ist erst wieder INSIDER TIPP *Mrzeżino (Deep)*, dessen Strand der feinste an der polnischen Ostseeküste sein soll.

ÜBERNACHTEN

ATOL
Eines der besten Kurhotels. Ruhige Lage am Rand des Kurviertels, gemütliche Zimmer. Das Hotelrestaurant Hemingway ist berühmt. *60 Zi. | ul. Orkana 3 | Tel. +48 91 3 21 23 36 | www.hotelatol.pl | €€€*

BALTIC HOME
Drei exklusive Häuser am Rand des Kurviertels: die Residenz *Trzy Korony (Drei Kronen),* die Pension *Regina Maris* und der mediterran angehauchte Hotelkomplex *Baltic-Park* am Strand. Fast alle Zimmer mit Balkon. *115 Ap. | ul. Uzdrowiskowa 11/3 | Tel. +48 91 3 27 49 94 | www.baltichome.pl | €€–€€€*

AUSKUNFT

Wybrzeże Władysława 4 | Tel. +48 91 3 22 49 99 | www.swinoujscie.pl

ZIELE IN DER UMGEBUNG

KAMIEŃ POMORSKI (CAMMIN)
(120 B3) (*B4*)
Die malerisch am Camminer Haff gelegene Kleinstadt, 45 km östlich von Swinemünde, birgt eine Perle der Backsteingotik: die ● *Bischofskathedrale*. Größte Kostbarkeit ist die fast 10 m hohe Barockorgel (1669). *Konzerte Fr 19 Uhr, Juli/Aug. tgl. 13 und 17 Uhr, Juni–Sept. Festival der Orgel- und Kammermusik*

Barock verspielt: Camminer Orgel

STETTIN UND WOLLIN

Reif für die Insel? Auf Wollin säumen breite Strände und bewaldete Steilhänge die Küste

MIĘDZYZDROJE (MISDROY)
(120 A3) (*M B4*)
Anfang Juli schweben die Stars der polnischen Kinoszene zum Filmfestival in dem legendären Seebad auf der Insel Wollin ein, steigen im *Amber Baltic (191 Zi. | Promenada Gwiazd 1 | Tel. +48 91 3 22 85 00 | www.hotel- amber-baltic.pl | €€€)* ab und hinterlassen im Gehweg vor dem Nobelhotel goldene Platten mit ihren Handabdrücken: Hall of Fame an der Ostsee! Misdroy, gesegnet mit weißem Strand und mildem Klima, weil das Steilufer die rauen Seewinde abschirmt, ist ein Kurort par excellence. Im Sommer allerdings arg überlaufen.
Übernachtungstipps: Stilvoll schlafen Sie im INSIDERTIPP *Stella Maris*. Die Bädervilla zählt zum Feinsten, was die polnische Ostseeküste zu bieten hat *(17 Zi. | ul. Boheratów Warszawy 13 | Tel. +48 91 3 28 04 81 | www.villa-stella-maris.com | €€)*. Schön wohnt es sich auch in der 1913 gegründeten, unlängst renovierten *Hotelvilla Nautilus (15 Zi. | Promenada Gwiazd 13 | Tel. +48 91 3 28 09 99 | www.hotel-nautilus.pl | €€)* mit Blick auf den Starrrummel vor dem Amber Baltic.

WOLIN (WOLLIN) (120 B4) (*M B4*)
Kaum zu glauben, dass die Kleinstadt am Südostzipfel der Insel Wollin, 35 km südöstlich, von Vineta übrig geblieben sein soll, jenes sagenumwobenen „Byzanz des Nordens", das 1170 urplötzlich von der Landkarte verschwand. Die Archäologen sind sich sicher, dass die frühslawische Handelsmetropole mit dem Atlantis-Image hier lag. Mehr darüber erfahren Sie im INSIDERTIPP *Regionalmuseum (Muzeum Regionalne | ul. Zamkowa 24 | Di–Sa 10–16 Uhr)*.

WOLIŃSKI-NATIONALPARK ★
(120 A–B 3–4) (*M A–B4*)
Mit etwa 120 km² nimmt der Nationalpark den größten Teil der Insel Wollin ein. Er bietet: 95 m aufragende Kreidefelsen, eiszeitliche Seen und 30 horstende Seeadlerpaare. Neben sechs Schutzzonen gibt es auch 40 km markierte Wanderwege. Auf der grünen Route kommt man zum ● *Wisentgehege (s. Kapitel Mit Kindern unterwegs)*. Die Wege starten in Międzyzdroje am *Nationalparkmuseum (Di–So 10–18 Uhr | ul. Niepodległości 3 | www.wolinpn.pl)*.

VON KOLBERG BIS RÜGENWALDE

Schier endlos ziehen sich stille Naturstrände an der Küste von Pomorze Zachodnie (Westpommern) hin, ein muschelweißes Band, gesäumt von Dünen, Wäldern und den lang gestreckten Nehrungsseen Jamno und Bukowo, die vor ein paar erdgeschichtlichen Sekunden noch Buchten der Ostsee waren.

Nur an wenigen Stellen ragt Steilufer auf: Pomorze, dem „Land am Meer", fehlt das Schroffe, das Spektakuläre. Sanfte Formen prägen das Bild. Hier liegen einige der beliebtesten und laut Statistik sogar sonnenstundenreichsten Strandabschnitte der polnischen Küste, einstige Fischerdörfer wie Mielno oder Ustronie Morskie avancieren im Sommer zu regelrechten Partyzonen. Ruhe kehrt erst wieder ein, wenn die Ferien zu Ende gehen.

KOŁOBRZEG (KOLBERG)

KARTE AUF S. 126
(121 D2) (*D3*) ● Das Seebad (47 000 Ew.) hat viel zu bieten: weiße Strände, einen idyllischen Kurpark, Sanatorien, einen Yachthafen, die „neue" Altstadt.

1,5 Mio. Menschen machen hier Jahr für Jahr Ferien. Wenn die Seebrücke an Sommerabenden zum Laufsteg der Urlaubsromantik wird, ist kaum zu ahnen, welch umkämpfte Geschichte die Stadt an der Mündung der Parsęta hinter sich hat. Ihr Salz hat sie früh reich gemacht. Salz war der Schlüssel für den Aufstieg zur mäch-

Bild: Darlowo

Sanfte Strandeinsamkeit, das beliebteste Kurbad der Polnischen Ostseeküste – und jede Menge Party in schönen Sommernächten

tigen Hansestadt, aber auch Grund für Begehrlichkeiten, die Wohlstand seit jeher bei fremden Mächten weckte. Russen, Schweden, Franzosen belagerten die Stadt. Preußen baute sie zur Festung aus – mit verhängnisvollen Folgen. Der von den Nazis zum Wahn hochstilisierte Unbesiegbarkeitsmythos Kolbergs gipfelte in blutigen Kämpfen, an deren Ende die Stadt fast restlos zerstört war.

Als Kurort hat Kołobrzeg eine über hundertjährige Tradition. Auch die hat mit Salz zu tun: Die Heilbehandlung mit Mineralwasser und Solebädern, erstmals 1804 beschrieben, ist landesweit berühmt.

SEHENSWERTES

BUDZISTOWO

Die Konturen einstiger Wallanlagen an der Parsęta 2 km südlich des Stadtzentrums markieren die Wiege Kołobrzegs. Hier stand schon im 9. Jh. eine Burg. Die gotische *Johanneskirche* (1222) ist eines der ältesten Bauwerke Pommerns.

KOŁOBRZEG (KOLBERG)

250 Jahre weist der Kolberger Leuchtturm der Schifffahrt schon den Weg

LEUCHTTURM (LATARNIA MORSKA)

Wie der Wohnturm einer Burg ragt der rote Backsteinleuchtturm vom Plateau des Hafenforts auf. Man kann ihn besteigen, von der Galerie in 26 m Höhe belohnt ein wunderschöner Blick auf die Stadt, auf den von massiven Redouten flankierten Hafen und auf die Reste der preußischen Festungsanlagen. *Tgl. 10–17 Uhr | ul. Morska*

MARIENKATHEDRALE (KATEDRA N. P. MARII) ★

Der 74 m hohe, monumentale Turmblock der fünfschiffigen Kathedrale ragt so dominierend über der Altstadt auf, dass er früher ein Richtfeuer für die einlaufenden Schiffe trug.

Zu den erhaltenen Schätzen der 1945 ausgebrannten, später jedoch akribisch wieder aufgebauten Kirche zählen ein prachtvoller geschnitzter Kronleuchter von 1523 und ein massiv bronzenes Taufbecken aus dem 14. Jh. *Tgl. 10–18 Uhr | ul. Mariacka*

MUSEUM DER POLNISCHEN WAFFEN (MUZEUM ORĘŻA POLSKIEGO)

Militaria aus tausend Jahren polnischer Geschichte, vom Ritterschwert bis zur Uniform des Zweiten Weltkriegs. Erschütternd: die Geschichte des Nazi-Großfilms „Kolberg". Goebbels ließ dafür 1943 etwa 18 500 Statisten zusammentrommeln, um ein Propaganda- und Durchhaltemachwerk drehen zu lassen. Ein Teil der Ausstellung ist den blutigen Kämpfen um die Festung Kolberg im April 1945 gewidmet. Einige Exponate waren für die Ausstellung in dem alten Kaufmannshaus zu sperrig. Sie stehen draußen in einer Freilichtschau zusammen, ein eindrucksvolles Waffenarsenal: Geschütze, Raketen, Panzerfahrzeuge, Hubschrauber. *Mai–Sept. Di–Sa 9–16 Uhr | ul. Gierczak 5 und ul. Armii Krajowej 13 | www.muzeum.kolobrzeg.pl*

www.marcopolo.de/ostsee-polen

VON KOLBERG BIS RÜGENWALDE

RATHAUS (RATUSZ)
Mit seinem zinnenbesetzten Dachsims, Pfeilern und Erkern erinnert das neugotische Rathaus an ein englisches Castle. Kein Zufall: Erbaut wurde es um 1830 nach Plänen Karl Friedrich Schinkels, der sich gerade auf einer Studienreise durch England von der Tudorgotik hatte inspirieren lassen. Rathaus ist das Rathaus schon lange nicht mehr. Heute residieren dort die **INSIDER TIPP** *Galerie Moderner Kunst* und ein *Kulturzentrum,* das Ausstellungen und Konzerte veranstaltet. *ul. Armii Krajowej 12*

SEEBRÜCKE (MOLO) ★
Von der Strandpromenade *nadmorska* zweigt ein Wahrzeichen Kołobrzegs ab: die 230 m lange Seebrücke, auf der sich an manchen Sommerabenden die halbe Stadt zu versammeln scheint, wenn das romantische Finale des Urlaubstages naht – der Sonnenuntergang.

ESSEN & TRINKEN

DOMEK KATA
Bloß nicht von der Geschichte abschrecken lassen: Im einstigen „Henkerhaus" gleich hinter dem historischen Rathaus gibt es Leckeres vom Grill. Sehr beliebt. *ul. Ratuszowa 1 | Tel. +48 94 3 54 66 35 | €€*

FIDDLER'S GREEN
Uriger Pub in der Altstadt. Bunt gemischtes Publikum, oft Livemusik. *ul. Dubois/Giełdowa | Tel. +48 94 3 52 89 61 | €*

POD WINOGRANAMI
Die gemütliche Gaststätte am Leuchtturm, mit einem sämtliche Stile brechenden Sammelsurium irgendwo zwischen Maritim und Mediterran ausstaffiert, steuern Ostseesegler auf Landgang genauso gern an wie Touristen und (außerhalb der Saison) die Einheimischen selbst. Die Speisekarte ist ähnlich wie das Interieur: von allem etwas, aber was auf den Teller kommt, schmeckt. *ul. Towarowa 16 | Tel. +48 94 3 54 73 36 | www.winogrona.pl | €€*

TAAAAKA RYBA
Der Name der Kneipe („Sooooo ein Fisch!") nimmt augenzwinkernd auf polnisches Anglerlatein Bezug, und um Flossentiere dreht sich hier auf der Speisekarte wirklich fast alles. In Sachen Fisch die unangefochtene Nr. 1 in Kołobrzeg. *ul. Bałtycka 1 | Tel. +48 94 3 51 62 94 | €*

FREIZEIT & SPORT

BOOTSFAHRTEN ●
Vom Hafen nahe der Mole aus legen tagsüber Ausflugsschiffe zu ein- bis zwei-

---

MARCO POLO HIGHLIGHTS

★ **Marienkathedrale (katedra N. P. Marii)**
Ein Kirchturm wie ein Monolith aus Backstein überragt Kołobrzeg → S. 44

★ **Seebrücke (molo)**
Tagsüber nur eine Mole, sommerabends wird die Seebrücke von Kołobrzeg Laufsteg der Urlaubsromantik → S. 45

★ **Połczyn Zdrój (Bad Polzin)**
Sein heilendes Wasser hat den Kurort in der Pommerschen Schweiz berühmt gemacht → S. 47

★ **Darłowo (Rügenwalde)**
In der alten Hansestadt startete der dänische König Erik von Pommern seine zweite Karriere – als Pirat → S. 50

---

44 | 45

KOŁOBRZEG (KOLBERG)

stündigen Rundfahrten auf der Ostsee ab, besonnders originell und bei den Kindern beliebt sind Touren in nachgebauten Wikingerbooten *Anlegestelle: ul. Morska 9)*. Wer etwas länger Zeit hat und ernsthaft zur See fahren will: Die Yachtagentur Ark Charter bietet fünftägige Segeltörns auf

AM ABEND

ADABAR
Das kleine Musikcafé befindet sich im alten Rathaus. Der Name meint nicht etwa die Bar, sondern erinnert an einen Rebellen, der im 15. Jh. auf dem Rathausplatz

An schönen Sommertagen wird der Strand von Kolberg zum trubeligen Tummelplatz

historischen Gaffelkuttern sowie Fahrten auf die dänische Insel Bornholm an *(ul. Warcelnicza 1 | Tel. +48 94 3 54 43 01 | www.arkcharter.pl)*.

STRAND

5 km Premiumstrand säumen das beliebteste Seebad der polnischen Küste, gut bestückt mit Wassersportgeräteverleihern, Eisverkäufern und all dem Trubel sommerlicher Urlaubshochburgen. Kein Wunder, dass es an heißen Ferientagen eng wird, vor allem längs der Promenade Nadmorska. Östlich des Kurparks in Richtung Ustronie Morskie ist es meist nicht ganz so voll.

enthauptet wurde. *ul. Armii Krajowej 12 | Tel. +48 94 3 54 48 83 | €*

ÜBERNACHTEN

AQUARIUS
Eines der komfortabelsten Hotels in Kołobrzeg, nahe am Amphitheater. Großes Spa-Angebot von Kosmetikbehandlungen bis zur Salzgrotte. *203 Zi. | ul. Kasprowicza 24 | Tel. +48 94 3 53 65 00 | www.aquariusspa.pl | €€€*

JANTAR
Hinter der weißen Fassade einer restaurierten Bädestil-Pension im Kurviertel verwöhnt ein erstklassiges Spa-Hotel sei-

VON KOLBERG BIS RÜGENWALDE

ne Gäste mit eigenem Hallenbad, Sauna, Jacuzzi und einem medizinischen Therapieprogramm. *34 Zi. | ul. Prof. Rafinskiego 10 | Tel. +48 94 3 55 22 59 | www.jantarspa.pl | €€*

MAXYMILIAN
Komfortables Dreisternehotel in einer der schönsten restaurierten Kolberger Strandvillen. *12 Zi. | ul. Borzymowskiego 3–4 | Tel. +48 94 3 54 00 12 | www.maxymilian-hotel.pl | €€*

NEW SKANPOL
Komforthotel im Stadtzentrum unter dänischer Leitung, mit schönen, im skandinavischem Stil eingerichteten Zimmern. *155 Zi. | ul. Dworcowa 10 | Tel. +48 94 3 52 82 11 | www.newskanpol.pl | €€€*

PRO VITA
Das gepflegte Kurhotel ist bei deutschen Gästen beliebt. Fast direkt am Strand, und wenn die Ostsee zu frisch ist: großer Wellnessbereich mit Pool. *102 Zi. | ul. T. Kościuszki 17 | Tel. +48 94 3 54 41 00 | www.pro-vita.pl | €€*

AUSKUNFT

TOURISMUSINFORMATION
ul. Dworcowa 1 | Tel. +48 94 3 52 79 39 | www.kolobrzeg.eu

TRAVEL NETTO
Deutschsprachige Gästeinformation in der Altstadt, Hotelvermittlung, Stadtpläne, Ausflugstipps. *ul. Dubois 23 | Tel. +48 94 3 55 43 90 | www.travelnetto.de*

ZIELE IN DER UMGEBUNG

POŁCZYN ZDRÓJ (BAD POLZIN) ★
(121 E4) (*E5*)
Malerisch schmiegt sich das Kurbad mit seinem kleinen Schloss zwischen die Hügelketten der Pommerschen Schweiz. Es liegt 65 km südöstlich von Kołobrzeg und ist landesweit berühmt für sein stark salzhaltiges Mineralwasser, dessen heilende Wirkung seit dem Mittelalter gepriesen wird. 1699 stand hier das erste Kurhaus. In der INSIDER TIPP **Trinkhalle Joasia** im weitläufigen Kurpark können Sie die Wirkung des Wunderwassers testen. *Auskunft: Kultur- und Touristenzentrum | ul. Zamkowa 2 | Tel. +48 94 3 66 31 17 | www.polczyn-zdroj.pl*

Das Kurbad ist ein idealer Ausgangsort für Ausflüge in die Wald- und Wasserlandschaft der Pommerschen Seenplatte, so z. B. die INSIDER TIPP **„Fünf-Seen-Tour"**, die 28 hügelige, gewundene Kilometer lang nach Czaplinek führt (Straße 163). Beschilderte Wanderwege weisen von Kluczewo und Stare Drawsko aus den Weg in das Naturschutzgebiet *Dolina Pięcin Jezior*, die Perle des Drawsko-Landschaftsparkes.

LOW BUDG€T

▶ Die westpommersche Küste gilt als eines der Top-Dorschreviere der Ostsee. Viele Fischer im Hafen von Kołobrzeg bieten Angelfahrten aufs Meer an. Ein Erlebnis nicht nur für passionierte Petrijünger: So preiswert und spannend kommt man sonst kaum an frischen Ostseefisch.

▶ Wer in Kołobrzeg gut und preisgünstig übernachten will, sollte sich an die Touristeninformation wenden. Dort warten selbst in der Hochsaison täglich Anbieter von Privatquartieren mit Schildern *wolne pokoje* (Zimmer frei) auf Gäste. Der Konkurrenzdruck wirkt Wunder – auch beim Preis.

KOSZALIN (KÖSLIN)

USTRONIE MORSKIE (HENKENHAGEN)
(121 E2) (*D3*)

Bekannt ist der kleine Küstenort 20 km östlich von Kołobrzeg v. a. durch seine Kurhäuser und das Meerwasserthermalbad. Der breite, von Steilküste gesäumte Strand ist nicht so überfüllt wie in Kołobrzeg, auf der Promenade lässt es sich angenehm spazieren. Ein Wanderweg führt zum Backsteinleuchtturm *Gaskie* (*Latarnia Morska Gaskie | etwa 8 km östlich*). 235 Stufen führen hinauf zum spektakulären Blick ins Blaue. Alljährlich im August wird Ustronie Morskie zum schöne **INSIDER TIPP** **Mekka der Drachenflieger**, die in der Küstenthermik die Meisterschaft um den Ostseepokal austragen.

Wer länger bleiben will: Empfehlenswert sind das Spa-Hotel *Relax Inn* (*44 Zi. | ul. B. Chrobrego 45 | Tel. +48 94 3 51 54 70 | www.relaxinn.de | €€*) oder das neue *Kurhotel Max* (*48 Zi. | ul. Kościuszki 18 | Tel. +48 94 3 54 02 01 | www.maxhotel.pl | €€*) direkt an der Steilküste – Zimmer mit Ostseeblick und Balkon . In der Umgebung gibt es einige schöne **INSIDER TIPP** **Urlaubsbauernhöfe**, z. B. die *Alte Farm* in Rusowo (*Tel. +48 94 3 51 57 92 | www.alte-farm.de | €*). Auskunft: *ul. Osiedlowa 2b | Tel. +48 94 3 51 41 75 | www.ustronie-morskie.pl*

Backsteingotik: St. Marien zu Koszalin

KOSZALIN (KÖSLIN)

KARTE AUF S. 127
(121 F2) (*E3*) **Eine Schönheit ist die drittgrößte Stadt der Polnischen Ostseeküste (111 000 Ew.) wegen ihrer leidvollen Geschichte nicht mehr.**

Das alte Köslin, einst mächtige Hansestadt und Fürstenresidenz, ging im Frühjahr 1945 in heftigen Kämpfen unter, aus den Trümmern wuchs ein Wirtschafts- und Verwaltungszentrum sozialistischen Zuschnitts mit Wohnblocks, autobahnbreiten Straßenschneisen und Gewerbegebieten. Doch Besucher sind überrascht von der Vitalität der Stadt, die den Verlust historischer Baukunst mit viel Kultur wettzumachen sucht. Koszalin hat zwei Theater, eine Philharmonie, etliche Bibliotheken und Galerien. Auf der Freilichtbühne des modernen Theaters finden Konzerte vom Rockfestival bis zur Raveparty statt und das Orgelfestival zieht alljährlich von Juni bis August Musikliebhaber aus ganz Polen in seinen Bann.

VON KOLBERG BIS RÜGENWALDE

Kulturelles Erbe: historische Fachwerkkaten im Kösliner Freilichtmuseum

SEHENSWERTES

GÓRA CHEŁMSKA (GOLLENBERG)
Schon im 13. Jh. war der auffällige Hügel am östlichen Stadtrand ein Wallfahrtsort, Tausende Katholiken aus dem ganzen Land pilgerten Jahr für Jahr an die Stätte eines alten Marienheiligtums. Nachdem Papst Johannes Paul II. den Gollenberg 1991 besucht hatte, lebte die Tradition wieder auf. Auf den Fundamenten der alten Marienkapelle steht heute wieder ein Sanktuarium.

MARIENKIRCHE (KOŚCIÓŁ N. P. MARII)
Wie ein Relikt der kriegszerstörten Pracht Koszalins überragt der Dom mit seinem wuchtigen Turm das Stadtzentrum. Von der reichen Innenausstattung sind gotische Heiligenstatuen erhalten. Eigentlicher Schatz ist die Orgel. Alljährlich im Sommer findet im Dom das **INSIDER TIPP** Internationale Orgel- und Kammermusikfestival statt. Wer den Weitblick liebt, sollte einen Aufstieg auf den ☼ Turm auf keinen Fall verpassen. *ul. Zwycięstwa*

REGIONALMUSEUM (MUZEUM OKRĘGOWE)
Koszalins reiche Geschichte von der Hanse bis in die Neuzeit wird hier anhand von Trachten, Münzen, historischem Hausrat, archäologischen Funden und Malerei erzählt. Wer sich für Völkerkunde interessiert, erfährt hier vieles über die frühzeitliche Jamno-Kultur, die in einigen entlegenen Dörfern rings um den Jamno-See (Jamundsee) bei Mielno bis in das 20. Jh. hinein mit ihren alten Sitten und Gebräuchen lebte. Nicht versäumen sollten Sie nebenan im Hof einer Wassermühle das *Freilichtmuseum,* in dem eine alte, original wieder aufgebaute und möblierte Fischerkate

KOSZALIN (KÖSLIN)

die Alltagskultur der Ostessküstenfischer vor 200 Jahren nacherleben lässt. *Di–So 10–17 Uhr | ul. Młyńska 37–39, Filiale in der ul. Dąbrowskiego | www.muzeum.koszalin.pl*

ESSEN & TRINKEN

KASZTELAŃSKI
Mix aus Restaurant und gemütlicher Jazzkneipe etwas außerhalb des Zentrums. Abends gibt es oft Livemusik, zum Haus gehört auch ein kleines Motel. *ul. Morska 15 | Tel. +48 94 3 43 00 09 | €€*

ZIELONY MŁYN
In der „Grünen Mühle" speist man ziemlich vornehm. Altpolnische Küche vom Feinsten. *ul. Młyńska 33 | Tel. +48 94 3 42 35 79 | €€*

AM ABEND

PHILHARMONIE
Das Sommerkonzertprogramm der Philharmonie reicht von Chopin bis Tschaikowskij, den aktuellen Spielplan kennt das Tourismusbüro. *ul. Zwycięstwa 105 | Tel. +48 94 3 42 62 20 | www.filharmoniakoszalinska.pl*

ÜBERNACHTEN

BURSZTYNOWO PAŁAC
Das um 1900 für eine Gutsbesitzerfamilie erbaute Palais ist detailgetreu restauriert und beherbergt eines der stilvollsten Schlosshotels im Norden Polens – samt Tennisplatz, Bootsverleih und Pool. Zum Bernstein-(Bursztynowo) Palast gehört noch ein zweites stilvolles Gebäude, der elegante *Biały Pałac* (Weißer Palast). Beide Palais liegen am Rand des Dorfes Świeczyno 10 km südlich von Koszalin. *55 Zi. | Strzekecino 12 | Tel. +48 94 3 16 12 27 | www.hotel-bursztynowy-palac.pl | €€€*

GROMADA ARCA
Komfortabler Dreisternestandard, im Restaurant dominiert internationale Küche. *84 Zi. | ul. Zwycięstwa 20–24 | Tel. +48 94 3 42 79 11 | www.hotelgromadakoszalin.com | €€€*

AUSKUNFT

BÜRO TURYSTA
ul. Andersa 2 | Tel. +48 94 3 42 45 11 | www.koszalin.pl

ZIELE IN DER UMGEBUNG

DARŁOWO (RÜGENWALDE) ★
(121 F1) (*E3*)
Die alte Hansestadt (15 000 Ew.) 40 km nordöstlich überrascht mit einer komplett erhaltenen Altstadt – der Krieg hat Darłowo verschont. In der Mitte des schachbrettartig angelegten Netzes aus Gassen und kopfsteingepflasterten Straßen liegt der *Marktplatz* mit dem barocken *Rathaus* und der *Marienkirche*. Südöstlich ragt auf einer Insel im Flüsschen Wieprza die *Burg* (14. Jh.) auf. Hier begann Erik von Pommern nach seiner Abdankung als König von Dänemark, Schweden und Norwegen um 1440 seine zweite Karriere – als Pirat. Das auf der Ostsee zusammengeraubte Gold soll „der letzte Wikinger" in Darłowo vergraben haben. Gefunden wurde der Schatz des Königs bis heute nicht. *Auskunft: in der Burg | ul. Zamkowa 4 | Tel. +48 94 3 14 35 72 | www.darlowo.com.pl*
3 km nördlich zieht das beliebte *Seebad Darłowko* im Sommer Strandgänger aus ganz Polen an. Im Hafen mit seinem markanten Leuchtturm warten Ausflugsschiffe, als Piratensegler „verkleidet", auf Gäste. Wer will, kann sich auch in einem 600-PS-Powerboot von erfahrenen Ex-Marineskippern über die oft rauen Ostseewellen fegen lassen. Übernach-

VON KOLBERG BIS RÜGENWALDE

tungstipp: das familienfreundliche Hotel *Lidia (34 Zi. | ul. Dorszowa 3 | Tel. +48 94 3 14 30 38 | www.hotellidia.pl | €€)*. Es ist gut, günstig und liegt nah am Strand.

KRĄG (SCHLOSS PODEWILS)
(122 A3) (*F3*)
Der alte Sitz der Adelsfamilie von Podewils in der Nähe des Dörfchens Krąg

barten Uniescie längst zu einem Seebad zusammengewachsen, steht in der Liste der Ferien-Hotspots an Polens Küste ganz weit oben, ähnlich wie Pobierowo zur Partyhochburg aufgestiegen. Vielleicht liegt das nicht nur am schönen Strand: Mielno darf sich ganz offiziell rühmen, Polens sonnenstundenreichster Ort zu sein. Die „Badewanne Koszalins" hat

Piratenresidenz mit Stil: Auf Burg Dorlowo residierte im 15. Jh. der Freibeuter Erik von Pommern

(Crangen) – 40 km entfernt von Koszalin – ist heute ein Luxushotel. Der Ausflug dorthin lohnt sich, auch wenn man nicht hinter der Renaissancefassade übernachten will. Erbaut wurde das verwunschen wirkende Schloss bereits 1450 – Auftraggeber war Herzog Erik von Pommern. *www.podewils.pl*

MIELNO (GROSSMÖLLEN)
(121 E2) (*E3*)
Das einstige Fischerdorf Groß Möllen (15 km nordwestlich) mit dem benach-

sich zu einem schmucken Seebad herausgeputzt, beliebt war Großmöllen freilich schon vor hundert Jahren – bei den etwas besser betuchten Sommergästen. Alte Villen im verspielten Stil der Bäderarchitektur an der Promenade erinnern daran.
Die einen lockt der Strand, die anderen zieht es zu **INSIDER TIPP** Wanderungen an die einsamen Schilfufer der Lagunenseen *Jamno* und *Bukowo*, ein Paradies für Wasservögel, Libellen und Fischotter, das sich 30 km an der Küste hinzieht.

STOLP UND KASCHUBIEN

Zwischen dem Dünenteppich des Słowiński-Nationalparks und der Halbinsel Hel (Mierzeja Helska) erstreckt sich das Kaschubische Küstenland, ein Kronjuwel an der polnischen Ostsee: feiner Sandstrand, hier von Kiefern, dort von Kliffen gesäumt, alte Fischerdörfer, die sich zu schmucken Badeorten gemausert haben.

Wer Abwechslung vom Strandtrubel sucht, muss nicht weit reisen. Im Hinterland lockt ein hügeliges Mosaik aus Wäldern, Wiesen und etwa 600 Seen. Wirtschaftliches und kulturelles Herz der Region ist Słupsk, die alte Greifenresidenz Stolp, einst als „Pommerns Klein-Paris" umschwärmt. Herzog Bogislaw der Große (1454–1523) hat längst abgedankt. Sein Schloss ist nun Museum, sein Schlafsaal Restaurant. Ein Urlaubsgruß aus Słupsk hat übrigens besonderen Wert: Hier erfand der preußische Generalpostmeister Heinrich von Stephan 1831 die Postkarte.

MIERZEJA HELSKA (HALBINSEL HEL)

(124 A–B 1–2) (*J–K 1–2*) ★ *Krowi ogon*, Kuhschwanz, nennen die Polen die lang gestreckte, schmale Halbinsel Hel am Nordrand der Danziger Bucht.

Bild: In der Kaschubischen Schweiz

An der Kaschubischen Küste hat feiner weißer Sand bizarre Landschaften geformt. Und die Surfer lieben die stetige Brise an den Stränden

Zu wachsen begann der „Küstenschwanz" vor etwa 8000 Jahren, zunächst waren es ein paar Inselchen, zwischen denen die starke Meeresströmung Sand ablagerte. Inzwischen ist die Putziger Nehrung fast 35 km lang – und immer noch nicht fertig. Die Erdbildung geht weiter, wie Satellitenvermessungen zeigen. Heute ist die Halbinsel Hel im Sommer ein Urlaubsparadies, die fünf Fischerdörfer darauf leben fast ausschließlich vom Tourismus. Yachthäfen, Camping, Hotels: Für den Ausbau der Infrastruktur wird viel getan. So führt u. a. ein Radweg über die gesamte Länge der Halbinsel. Befremdlich wirkt allenfalls die starke Militärpräsenz auf der Spitze von Hel.

SEHENSWERTES

CHAŁUPY (CEYNOWA)
Das kleine Fischerdorf liegt nahe der schmalsten Stelle der Halbinsel, die Landzunge ist hier nur knapp 200 m breit. Bekannt ist es für seinen schönen FKK-Strand. Chałupy zählt zu den Hoch-

MIERZEJA HELSKA (HALBINSEL HEL)

Im Hafen von Jastarnia drängt sich die Flotte der Küstenfischer

Mehrere Campingplätze haben sich auf die Szene spezialisiert.

HEL (HELA)

Die Hafenstadt (4000 Ew.) an der Südostspitze der Nehrung ist eine der ältesten kaschubischen Küstensiedlungen. Schon 1387 erhielt Hel das Stadtrecht. Schön spaziert es sich auf der Promenade am Fischer- und Seglerhafen, gesäumt von Souvenirhändlern, Cafés, Pubs und *Fiszerias*. Dort gibt es frischen Räucherfisch, für den Hel berühmt ist.

Die 1417 erstmals erwähnte gotische Peter- und Pauls-Kirche beherbergt ein wirklich sehenswertes *Fischereimuseum (Di–So 10–16 Uhr | Nadmorski 2)*. Auf dem einstigen Friedhof stehen historische Holzkähne und altes Fanggeschirr, drinnen erfahren Sie vieles über die Geschichte und Entstehung Hels und darüber, wie die Ostsee die Form der Halbinsel immer wieder dramatisch veränderte. Auch die Kirche selbst war davon betroffen: Ende des 17. Jhs. stürzte sie ein, von einer Sturmflut schwer beschädigt.

Eine Wanderung lohnt sich zum ☼ *Leuchtturm von Hel (Latarnia Morska | im Sommer Di–So 10–17 Uhr | ul. Bałtycka 3)*. Das unter Schiffern und Seglern wegen seiner exponierten Lage legendäre Seezeichen liegt etwas außerhalb des Ortskerns, doch es lohnt sich, die Wendeltreppe des 42 m hohen Leuchtturms hinaufzuklettern. Weit geht die Sicht hinaus auf die Ostsee und die „putzige" Wiek.

JASTARNIA (HEISTERNEST)

Das Nehrungsdorf Jastarnia (4000 Ew.) lebte jahrhundertelang einzig von seinen Fischern. Davon erzählt das kleine private *Fischereimuseum (Muzeum Rybacki | im Sommer tgl. 10–18 Uhr | ul. Mieckiwicza 115)*, in dem unter anderem eine rekonstruierte Bootsbauwerkstatt zu

burgen der polnischen Anhänger der Freikörperkultur, in Richtung Kuznica haben sie einen 2 km langen Abschnitt ganz hüllenlos für sich allein. Ansonsten ist Chalupy vor allem eine Surf-Hochburg.

STOLP UND KASCHUBEI

besichtigen ist. Ein Stück weiter vermittelt eine originalgetreu erhaltene und mit historischem Hausrat ausgestattete *Fischerhütte (Chata Rybacka | im Sommer tgl. 14–18 Uhr | ul. Rynkowa 10)* einen lebensnahen Eindruck vom Alltagsleben der Nehrunger im 19. Jh.

In dem alten Fischerort lebt noch ein Hauch der elementaren Inselstimmung. Geduckte Katen, zum Teil mehr als 200 Jahre alt, säumen die Straße, die Wände der Dorfkirche sind in den kaschubischen Nationalfarben Blau, Weiß und Grün verziert. Doch der Wandel hat auch hier längst eingesetzt: Überall entstehen im Eiltempo Pensionen und Wohnhäuser für die Sommergäote. Jastarnia ist dabei, sich mit dem benachbarten Jurata immer mehr zum touristischen Herz der Nehrung zu entwickeln.

JURATA

Das nach der Meereskönigin aus einem alten baltischen Märchen benannte Dorf ist eine junge Schöpfung: Erst 1928 gegründet, sollte es ein Seebad für die polnische Prominenz werden. Der Platz dafür war gut gewählt: Kiefernwald und Dünen schirmen den Ort gegen raue Seewinde ab. Für sein mildes Klima ist Jurata denn auch seit jeher in den Kreisen der Oberen Zehntausend bekannt und bis heute Lieblingskurort von Künstlern, Politikern und Neureichen geblieben. Auch Ex-Staatspräsident Kaczyński machte hier gern Urlaub.

Zum Leute gucken lohnt sich ein Bummel über die Hauptstraße von Jurata, den auf der 320 m langen Seebrücke endenden Boulevard Międzmorze. Die Reaktion des Publikums zeigt umgehend, wo gerade Promis flanieren …

WŁADYSŁAWOWO (GROSSENDORF)

Das Seebad (15 000 Ew.) und Tor zur Nehrung ist im Sommer heillos überlaufen. Und das, obwohl Großendorf Sitz des größten polnischen Fischerhafens ist, der die nach König Wladislaw IV. benannte Stadt prägt.

ESSEN & TRINKEN

CAPTAIN MORGAN

Das maritime Interieur des Pubs an der Seepromenade von Hel kommt nicht von ungefähr. Fischspezialitäten und Meeresfrüchte dominieren die Karte. Zum Haus gehört auch ein kleines, günstiges Hotel *(12 Zi.). ul. Wiejska 21 | Tel. 58 6 75 00 91 | www.captainmorgan.cypel.pl | €–€€*

PEKIN

Das Restaurant des vollständig auf chinesisch gestylten Luxushotels *Pekin* serviert gleichermaßen erlesene europäische Küche wie schmackhafte asiatische Spezialitäten. *ul. Niepodległości 14 | Władysławowo | Tel. +48 58 6 74 88 88 | www. hotel-pekin.com.pl | €€€*

MARCO POLO HIGHLIGHTS

⭐ **Mierzeja Helska (Halbinsel Hel)**
Die ungewöhnliche Nehrung verwandelt sich im Sommer in ein Badeparadies → S. 52

⭐ **Greifenschloss (Zamek)**
Einst des Herzogs Residenz, heute sein Museum in Słupsk → S. 59

⭐ **Słowiński-Nationalpark**
Wüstenwandern in der „Polnischen Sahara" → S. 60

⭐ **Ustka (Stolpmünde)**
Malerisches Küstenstädtchen mit eigenem Kapitänsviertel → S. 61

MIERZEJA HELSKA (HALBINSEL HEL)

FREIZEIT & SPORT

WINDSURFEN ●
Die Halbinsel ist ein Mekka der Wind- und Kitesurfer. An den Stränden bei Jurata, Jastarnia, Władysławowo und Hel kann man im Sommer Boards ausleihen. *www.takeoff.pl*

Windsurfermekka: Halbinsel Hel

ÜBERNACHTEN

Obwohl die Nehrungsdörfer aus einer Ansammlung von Hotels, Pensionen und zahllosen Privatzimmern zu bestehen scheinen, ist in der Hochsaison oft alles ausgebucht. Da hilft nur frühzeitiges Reservieren.

BRYZA ●
Das Luxushotel bietet exklusiven Komfort von der Spa-Schönheitsfarm bis zum hauseigenen Tennisplatz. Die meisten Zimmer haben Meerblick, das Haus liegt an der Promenade von Jurata. Dazu gehört ein schöner Garten. *112 Zi. | ul. Świętopełka 1 | Tel. +48 58 6 75 51 00 | www.bryza.pl | €€€*

CAMPING
Auf den fünf Campingplätzen der Nehrung können Sie auch kleine Holzhütten oder einfache Zimmer mieten. Detaillierte Infos über alle Angebote: *www.eurocampings.de/de/europa/polen/pommern.*
Empfehlenswert ist der Campingplatz INSIDER TIPP *Małe Morze* in Chałupy mit 300 Stellplätzen, sauberen Apartments und riesigem Freizeitangebot von Ballspielplätzen bis zur Surfschule. *ul. Droga Helska | Tel. +48 58 6 74 12 31 | www.malemorze.pl*

NEPTUN
Neues Strandhotel in Jurata mit 90 modern und behindertengerecht eingerichteten Zimmern. Hallenbad, Sauna, Fitnessraum. *ul. Mestwina 38 | Tel. +48 58 6 75 62 62 | www.hotelneptun.pl | €€*

PIRTS
Kleines, freundlich geführtes Familienhotel im Zentrum von Władysławowo. *16 Zi. | ul. Necla 52 | Tel. +48 58 6 74 27 52 | €*

AUSKUNFT

TOURISMUSBÜRO JASTARNIA
ul. Stefańskiego 5 | Tel. +48 58 6 75 20 97 | www.jastarnia.pl

TOURISMUSINFORMATION HEL
Marina Helska (Kuppelbau auf der Mole) | Tel. +48 58 6 75 10 10 | www.gohel.pl

STOLP UND KASCHUBEI

ZIELE IN DER UMGEBUNG

JASTRZĘBIA GÓRA (HABICHTSBERG)
(124 A1) (*J1*)

Sandstrände und flache Buchten, gesäumt von einer wildromantischen Steilküste: Seit einem Jahrhundert sonnt sich das einstige Habichtsberg (1000 Ew.) im Ruf eines mondänen Seebads. 2 km westlich liegt *Rozewie (Rixhöft)*. Eine Wanderung dort lohnt sich nicht nur wegen des 53 m in die Höhe aufragenden Kliffs – das *Kap Rozewie* markiert auch den nördlichsten Punkt Polens. Vom ☼ INSIDER TIPP *Leuchtturm Rixhöft* (Mai–Aug. tgl. 10–14 und 15–19 Uhr) von 1823, einem der höchsten der polnischen Küste, bietet sich Ihnen ein phantastischer Meerblick. Eine kleine, aber lohnende Ausstellung erzählt die Geschichte dieses und anderer polnischer Leuchttürme und manche Anekdote dazu. *10 km nordwestlich*

Wer hier seine Koffer fallen lassen möchte: Die ● *Pension Victor (10 Zi. | ul. Baltycka 33 | Tel. +48 58 6 74 95 74 | www.pensjonatvictor.pl | €€)*, eine restaurierte Habichtsberger Villa beinahe auf der Klippe des 24 m hohen Steilufers gelegen, hat gute Zimmer, die meisten von ihnen mit tollem Ostseeblick. Auch das mehrfach preisgekrönte Restaurant ist zu empfehlen, herrlich windgeschützt sitzt es sich auf der Terrasse. Deutschsprachiger Service.

KROKOWA (KROCKOW)
(123 E1) (*J1*)

Im restaurierten *Barockschloss der Grafen von Krockow* (22 km westlich von Władysławowo) betreibt eine Stiftung seit 1993 das *Kaschubische Kulturzentrum*, das sich als europäische Begegnungsstätte versteht und ein breites Programm von Tagungen bis Ausstellungen veranstaltet. Ein Teil des Anwesens beherbergt eine Filiale des Westpreußischen Museums Münster mit dem *Archivum Crocorianum*, eine interessante Exposition über die deutsch-polnisch verflochtene Geschichte der Adelsfamilie von Krockow, deren Wurzeln im kaschubischen Land bis in das 13. Jh. reichen. *(www.westpreussisches-landesmuseum.de)*.

Schloss Krockow berherbergte etliche berühmte Gäste, etwa Immanuel Kant, der Philosophenweg im Park erinnert daran. Im *Hotel und Restaurant Zamkowa (37 Zi. | ul. Zamkowa 1 | Tel. +48 58 7 74 21 11 | www.zamekkrokowa.pl | €€€)* lässt es sich nicht nur fürstlich bei erlesenen polnischen und kaschubischen Spezialitäten speisen. Unter dem Dach residiert außerdem das stilvolle Schloss-

LOW BUDGET

▶ Das *Baltycka Galeria Sztuk Hostel* in einem umgebauten Speicher in Ustka (Stolpmünde) ist ein echter Hit für Budget-Reisende. Freundliche Zimmer *(1–3-Bettzimmer, ab 10 Euro)* Gemeinschaftsbäder und -küche, eigene Kneipe – und dann die Lage: direkt am Hafen. Kunstgalerie im Erdgeschoss. *10 Zi. | ul. Zaruskiego 1a | Tel. +48 59 8 14 60 89 | www.hotel.baltic-gallery.art.pl | €*

▶ In dem kleinen Werkstattmuseum der Töpferfamilie Necel in Chmielno können Sie den Kunsthandwerkern zuschauen und sich selbst an der Töpferscheibe versuchen. Käuflich ist die typische Keramik mit der blauen Blume dort auch – und das sehr günstig. *Muzeum Kaszubskiej ceramiki Neclów | Mo–Sa 10–18 Uhr | ul. Gryfa Pomorskiego 65 | www.necel.pl*

SŁUPSK (STOLP)

hotel: Die mit Antiquitäten eingerichteten Zimmer haben ihren Preis, etwas günstiger ist das Übernachten im Anbau.

PUCK (PUTZIG) (124 A1) (*m* J2)

Schmucke Bürgerhäuser säumen den Marktplatz, dahinter lugt die gotische Peter-und-Paul-Kirche hervor, im Hafen drängen sich Fischerboote, Ausflugsschiffe, Segelyachten. Die charmantpittoreskte Mischung aus Kleinstadtflair und maritimer Offenheit macht Puck (12 000 Ew.) zu einem der reizvollsten Ausflugsziele an der kaschubischen Küste. Alljährlich am 29. Juni wandelt sich die Stadt in einen festlich geschmückten Wallfahrtsort. Dann pilgern die Fischer in ihren Booten von Hel aus nach Puck. Vom Hafen zieht die Prozession, angeführt vom Danziger Bischof, zur Messe in die Kirche.

Gut essen mit einem schönem Blick aufs Wasser kann man im Restaurant *Bursztynia (Tel. +48 58 6 73 07 77 | €)*, direkt an der Mole gelegen. *www.miasto.puck.pl*)

ŻARNOWIEC (ZARNOWITZ)

(123 E1) (*m* J1)

Bis ins 12. Jh. reicht die Geschichte des gotischen Frauenklosters (30 km westlich von Władysławowo) zurück, heute von Nonnen des Benediktinerordens bewohnt. Man darf es besichtigen, aber den strengen Klosterregeln entsprechend bitte schweigend! Im Innenhof des Komplexes scheint die Zeit still zu stehen, durch die Klosterkirche mit dem prachtvollen barocken Hochaltar schwebt ein Hauch von Ewigkeit.

Von Żarnowiec ist es dann gar nicht mehr weit bis zur Küste: nach 5 km kommen Sie nach *Dębki*. Das einstige Fischerdorf ist nicht nur für seinen feinen Sandstrand bekannt, sondern zugleich auch als INSIDER TIPP Polens FKK-Hochburg.

SŁUPSK (STOLP)

KARTE AUF S. 127

(122 B2) (*m* G2–3) **Handel, Hanse, Herzogsburg: Słupsk (105 000 Ew.) hat früh Karriere gemacht. Mit einem lukrativen Platz an der Fernhandelsstraße zwischen Danzig und Stettin und eigenem Ostseehafen gesegnet, stieg die 1310 zur Stadt erhobene Slawenburg im Mittelalter zu Wohlstand und Macht auf.**

Eine zweite Blüte erlebte Stolp im 19. Jh., stattliche Bürgerhäuser und elegante Villen erinnern daran. Dem Aufstieg folgte die Katastrophe: Im Frühling 1945 versank Pommerns „Klein-Paris" in Schutt und Asche, als die Rote Armee den Ort niederbrannte – trotz kampfloser Kapitulation. Glücklicherweise wurde viel Historisches wieder aufgebaut.

SEHENSWERTES

FISCHMARKT (RYNEK RYBACKI)

Der Weg vom Schloss durch das Mühlentor *(Brama Młyńska)* führt auf den mittelalterlichen Fischmarkt, wo Sie im alten Fachwerkspeicher in einer romantischen INSIDER TIPP Teestube einkehren können.

> **CITY WOHIN ZUERST?**
> **Marktplatz:** Als Start für einen Stadtspaziergang eignet sich der Marktplatz *(Stary Rynek)*. Es gibt Parkplätze und ringsum lässt sich alles Sehenswerte locker zu Fuß erkunden. Wer mit dem Zug ankommt, flaniert über die schmucke Fußgängerzone Aleja Wojska Polskiego bequem und in wenigen Minuten in die Altstadt.

STOLP UND KASCHUBEI

Die beliebte *Herbaciarnia w Spichlerzu* empfiehlt sich mit 150 Tee- und vielen Kaffeesorten, leckerem Kuchen und köstlichen Desserts *(Rynek Rybacki | €)*.

Geschichte und Kunst in den Räumen des Greifenschlosses. Nicht verpassen sollten Sie die Pastellzeichnungen des Künstlers Stanisław Ignacy Witkiewicz

Das Mühlentor war im Mittelalter Teil der Stolper Stadtbefestigung

GREIFENSCHLOSS (ZAMEK)

Der Renaissancebau (1507–1587), ursprünglich eher einer Festung ähnlich, wurzelt in einer machtvollen Zeit. Stolp war fast 200 Jahre lang Residenz pommerscher Herzöge. Beim Wiederaufbau des 1945 abgebrannten Schlosses verlor die Fassade leider ihre filigrane Pracht. Die von Dominikanermönchen gegründete gotische *Schlosskirche (Kościół św. Jacka)* birgt einen Altar im Stil der Hochrenaissance. Zwei Grabinschriften gedenken der Herzogin Anna von Croy (1660) und Herzog Ernst Bogislaw (1684). *ul. Dominikańska 5 | Di–So 10–16 Uhr*

MUSEUM MITTELPOMMERNS (MUZEUM POMORZA ŚRODKOWEGO)

Eine riesige Pommernkarte, 1612 in Amsterdam gefertigt, stimmt ein auf die Ausstellung der pommerschen (1885–1939) im Obergeschoss. Witkacy, wie er sich selbst nannte, war der Exzentriker unter den Künstlern der polnischen Zwischenkriegszeit: U. a. notierte er auf jedem seiner Bilder Sorte und Menge der Droge, die er während des Malens intus hatte. Heute gilt der Maler, Autor und Fotograf als einer der wichtigsten Schriftsteller der polnischen Moderne. *Di–So 10–16 Uhr | ul. Dominikańska 5 | www.muzeum.slupsk.pl*

NEUES RATHAUS (NOWY RATUSZ)

Preußische Beamtengotik. Im 60 m hohen Turm des 1901 erbauten Rathauses erklingt zur vollen Stunde ein Glockenspiel, in der Fassade prangt Pommerns Wappen, innen erzählen Deckengemälde und schöne Buntglasfenster Etappen der Stadtgeschichte. *Besichtigungen tgl. 8–15 Uhr | Pl. Zwycięstwa 1*

SŁUPSK (STOLP)

ESSEN & TRINKEN

ANNA DE CROY
Im exklusiven Schlossrestaurant werden in edlem Ambiente polnische und französische Gerichte aufgetischt. *ul. Dominikańska 5 | Tel. +48 59 8 48 16 50 | www.annadecroy.pl | €€€*

INSIDER TIPP ▶ KARCZMA POD KLUKĄ
Slowinzische und kaschubische Köstlichkeiten nach alten Rezepten sind die Spezialität dieses im rustikalen Fachwerkstil eingerichteten Restaurants. Probieren Sie die Nusssuppe! *ul. Kaszubska 22, an der Straße nach Łeba | Tel. +48 59 8 42 34 69 | €€*

EINKAUFEN

NEUES TOR (NOWA BRAMA)
Vieles ist das Tor in seiner 700-jährigen Geschichte gewesen: Bastion, Gefängnis, Wollspinnerei. Heute beherbergt es eine Galerie, in der Sie Malerei, Kunsthandwerk und Schmuck kaufen können. Hier bekommen Sie auch das Maskottchen von Słupsk, den kleinen Glücksbären aus Bernstein. Urahn der Figur ist das Amulett eines eiszeitlichen Jägers, Archäologen fanden es vor über hundert Jahren bei Ausgrabungen nahe der Stadt. *Pl. Zwycięstwa 13*

ÜBERNACHTEN

PIAST
Die Gründerzeitvilla sieht mit ihren Türmchen und Erkern aus wie ein kleines Schloss. *26 Zi. | ul. Jedności Narodowej 3 | Tel. +48 59 8 42 52 86 | www.hotelpiast.slupsk.pl | €€€*

STAROMIEJSKI
Zentral gelegenes Altstadthotel in einem Haus der Jahrhundertwende, komfortabel und günstig. Auch das Restaurant zählt zu den besten der Stadt. *46 Zi. | ul. Jedności Narodowej 4 | Tel. +48 59 8 42 84 64 | www.przymorze.com.pl | €€*

AUSKUNFT

TOURISTENINFORMATION (IT)
ul. Starzynskiego 8 | Tel. +48 59 8 42 43 26 | www.slupsk.pl

ZIELE IN DER UMGEBUNG

SŁOWIŃSKI-NATIONALPARK ★ ●
(122 B–C1) (*G–H 1–2*)
Fast 35 km zieht sich der Nationalpark an der Ostsee entlang – 180 km² wildromantische Küstennatur, ein Mosaik aus Sandheiden und würzig duftendem Kiefernwald, einsamen Stränden, Erlenbrüchen und zahllosen sumpfigen Seen, die wie die Lagunen Gardno und Łebsko einst Buchten der Ostsee waren.
Zentrum des Parks sind die berühmten Wanderdünen, eigentlich Folge eines frühen ökologischen Sündenfalls. Vor 800 Jahren holzten die slawischen Ureinwohner hier den Eichenwald ab, der auf dem noch jungen Landstrich zwischen Küste und Lagunenseen wuchs. Mit verhängnisvoller Wirkung: Der Seewind setzte den Strandsand landeinwärts in Bewegung, türmte ihn auf, begann den gelichteten Wald zu verschütten. Bald hielt die Treibsandmasse nichts mehr auf, die Dünen begruben ganze Dörfer unter sich.
Hauptort des Parks ist Łeba – ein vitales Fischerstädtchen mit Yachthafen, Restaurants, Cafés, Souvenirhändlern und perlweißen Stränden. Hotels und Pensionen sind im Sommer allerdings meist überfüllt. Privatquartiere vermittelt das *Tourismusbüro (Mo–Fr 8 bis 16, Sa 8–14 Uhr | ul. Dworzowa 1 | Tel. +48 59 8 66 22 88 | www.leba.pl)*.

STOLP UND KASCHUBEI

SWOŁOWO (SCHWOLOW)
(122 B2) (*F2*)

„Kariertes Land" heißt die Gegend um Słupsk auch – der schwarz-weißen Fachwerkarchitektur wegen, in der die Slowinzen ihre Häuser bauten. Das schönste Ensemble dieser Volksarchitektur steht in Swołowo (10 km westlich), auch „Dorf der kulturellen Erbschaft" genannt: ein ganzer INSIDER TIPP „karierter" Bauernhof, heute Filiale des Mittelpommerschen Museums (*www.muzeum.swolowo.pl*).

USTKA (STOLPMÜNDE) ★
(122 B2) (*F2*)

Das kleine Küstenstädtchen, 18 km nördlich von Słupsk idyllisch an der Mündung der Słupia in die Ostsee gelegen, ist ohne die Seefahrt nicht denkbar. Jahrhundertelang war Ustka Hansestadt und Vorhafen von Słupsk. Die eleganten Villen im INSIDER TIPP Kapitänsviertel zwischen Strandpromenade und Hafen, wo sich viele Seeleute ihre Altersruhesitze bauen ließen, und historische Fischerkaten stammen aus dieser Zeit. Auch heute lebt Ustka von seinem Hafen, den sich Fischerboote mit schicken Yachten teilen. Der Ort atmet Salzluft und das Flair eines beschaulich-agilen Ostseestädtchens. Seit über hundert Jahren zählt Ustka zu den beliebtesten Badeorten.

Krönung jeder Tour im Słowiński-Nationalpark: Dünenwandern in der „polnischen Sahara"

Vorzüglich essen kann man im *Kapitańska* (*ul. Dąbrowszczakowa 1 | Tel. +48 94 8144526 | €€*), dem besten Fischrestaurant der Stadt. Und wer gleich über Nacht bleiben möchte: Die Pension *Fisherman´s House* (*18 Zi. | Tel. +48 59 8146262 | www.fishermanshouse.pl | €€*) bietet gemütliche Zimmer hinter der efeubewachsenen Fachwerkfassade eines restaurierten Fischerhauses am Hafen.
Ruhiger schläft es sich im neuen, modern eingerichteten *Hotel Aleksander* (*30 Zi. | ul. Beniowskiego 2a | Tel. +48 59 8152180 | www.hotelaleksander.com.pl | €€*) nahe der Strandpromenade. Auskunft: *ul. Marynarki Polskiej 87 | www.lot.ustka.pl*

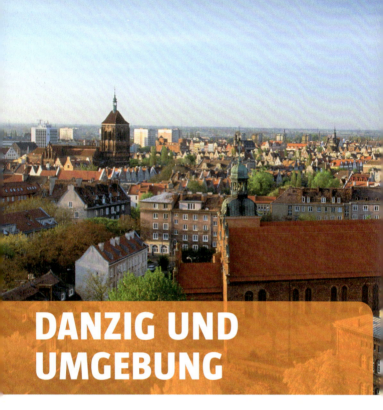

DANZIG UND UMGEBUNG

„Trójmiasto" nennt sich das urbane Zentrum, zu dem Danzig, Gdynia und Sopot in den Nachkriegsjahrzehnten verschmolzen. Die „Dreistadt" zieht sich fast 50 km an der Westseite der Danziger Bucht hin, mit 800 000 Einwohnern die dominierende Metropole der Polnischen Ostseeküste.

Ungleiche Geschwister sind sie geblieben, die Dreistädte: Ganz im Norden Gdynia, der lärmende Industriehafen, Stadt der Werften. In der Mitte das elegante Seebad Sopot mit Strandvillen, Grandhotel, Spielkasinos und der legendären Waldoper. Schließlich Danzig. Schon zu Zeiten des hl. Adalbert (997) Sitz slawischer Fürsten, gewachsen und zu Macht gekommen als Löwin der Hanse. Heute ist die Stadt mit tausendjähriger Geschichte nicht nur die größte im Norden Polens (456 000 Ew.), sondern auch ein kulturelles Zentrum, das sich wie in besten Zeiten präsentiert: liberal und weltoffen.

GDAŃSK (DANZIG)

KARTE IM HINTEREN UMSCHLAG (124 A–B3) (*M K3*) Patrizierhäuser, die von Geist und Wohlstand ihrer Schöpfer künden, der Hafen an der Mottlau mit dem berühmten Krantor, verwinkelte Kopfsteinpflastergassen, der prächtige Langmarkt, holländisch geprägter Manierismus neben italienischer Renaissance – und über allem

Bild: Blick über Danzig

Die Dreistadt – Danzig, Gdynia, Sopot – lebt ihre Kontraste aus: Industriehafen, Seebad und hanseatische Prachtarchitektur

CITY WOHIN ZUERST?

Die Danziger Rechtstadt erkundet man am besten vom **Kohlenmarkt** *(Targ Weglowy)* **(U C3)** *(c3)* aus, wo am Goldenen Tor auch der berühmte Königsweg beginnt. Hier gibt es sogar – sonst ziemlich rare – Parkplätze. Auch Bahnhof und Busbahnhof liegen nah, von dort erreicht man den Kohlenmarkt bequem zu Fuß.

St. Marien, der Welt größte Backsteinkirche: Danzig ist ein Kronjuwel der Ostseestädte.

Die Rechtstadt *(Główne Miasto)*, kultureller Mittelpunkt und der Teil, der als erster das Stadtrecht erhielt, zieht Jahr für Jahr Hunderttausende Besucher in ihren Bann. Sie bestaunen nicht nur ein Herzstück hanseatischer Macht, sondern auch ein Meisterwerk polnischer Restauratorenkunst. Das historische Zentrum von Danzig lag 1945 zu 90 Prozent in Schutt und Asche. Es wurde nach alten

GDAŃSK (DANZIG)

Teure Bernsteinateliers und ganz viel Flair der Vergangenheit warten in der Frauengasse

Vorlagen akribisch und originalgetreu wieder aufgebaut. Die gesamte Innenstadt ist verkehrsberuhigt und gut zu Fuß zu erkunden; deshalb wurde bei den dort gelegenen Zielen auf die Nennung einer Verkehrsverbindung verzichtet.

SEHENSWERTES

ALTSTADT (STARE MIASTO)
(U C–D2) (*m* c–d2)

In der historischen Altstadt, die sich, getrennt durch den *Altstädtischen Graben (Podwale Staromiejskie)*, nördlich der Rechtstadt anschließt, geht es vergleichsweise beschaulich zu. Sehenswert ist das *Altstädtische Rathaus (Ratusz Staromieskej)*, ein Backsteinbau aus dem 16. Jh. mit markantem manieristischem Türmchen. Das Erdgeschoss beherbergt das *Baltische Kulturzentrum* und eine kleine *Galerie* (tgl. 9–18 Uhr). Hinter dem Rathaus ragt das gotische Ensemble aus *Josephskirche (Kościół św. Józefa)*, *Elisabethkirche (Kościół św. Elżbiety)* und der *Abtei von Pelplin (Dom Opatów Pelplińskich)* auf. Weiter östlich erhebt sich auf einer Insel im Radaune-Kanal die *Große Mühle (Wielki Młyn)*, ein imposanter Ziegelbau, der im Jahr 1350 von den Rittern des Deutschen Ordens angelegt wurde. Angetrieben von 18 Wasserrädern, verarbeitete sie pro Tag bis zu 200 t Getreide, eine für die damalige Zeit gewaltige Menge. Heute ist die alte Mühle zu einem Einkaufszentrum in rustikalem Ambiente umfunktioniert.

BRIGITTENKIRCHE (KOŚCIÓŁ ŚW. BRYGIDY) (U D2) (*m* d2)

Berühmt wurde die nahe der Werft gelegene Kirche während des Ausnahmezustands 1980 – als Treffpunkt und Aktionszentrum der Mitglieder der Solidarność um Lech Wałęsa. Im schlicht, beinahe modern wirkenden Innenraum der während des Kriegs stark zerstörten Basilika entsteht ein 11 m hoher, INSIDER TIPP monumentaler Bernsteinaltar in Form einer aufstrebenden Lilie. Das einzigartige

DANZIG UND UMGEBUNG

Kunstwerk ist dem Andenken der 28 Werftarbeiter geweiht, die bei den Protesten im Dezember 1970 ums Leben kamen. *ul. Profesorska 2*

FRAUENGASSE (ULICA MARIACKA) ★
(U D3) (*m d3*)

In der Frauen- oder Mariengasse, die vom Frauentor zur Marienkirche führt, schwebt ein Hauch Altdanzig. Die Kaufmannshäuser sind von terrassenartig erhöhten Vorbauten gesäumt – den berühmten Beischlägen. Entstanden ab dem 16. Jh. als Eingänge der zur Straße erweiterten Speicherkeller und ursprünglich auch als Schutz vor Überschwemmungen, wurden die Beischläge nach und nach zu Statussymbolen der reichen Patrizier. Die Vorbauten wuchsen zu prachtvoll ausgeschmückten Veranden, auf denen man Geschäfte besprach, im Sommer mit der Familie speiste und dabei dem geschäftigen Treiben auf der Straße zusah. Ein Danziger Aushängeschild sind die Beischläge bis heute geblieben. Ihre Keller bergen Kunsthandwerksläden, Galerien und die schönsten, aber auch teuersten Bernsteinwerkstätten der Stadt.

GOLDENES TOR UND GEORGSHOF (BRAMA ZŁOTA I DWÓR BRACTWA ŚW. JERZEGO) (U C3) (*m c3*)

„Concordia res publicae parvae crescunt – discordia magnae concidunt": „Durch Eintracht werden kleine Staaten groß, an Zwietracht gehen die großen zugrunde", mit solch moralischen Mahnungen wird begrüßt, wer durch das *Goldene Tor* die Danziger Rechtstadt betritt. Der präsentable westliche (Haupt-)Eingang und Beginn des Königswegs erinnert eher an ein römisches Palais als an ein Tor. Die Architekten Abraham van den Blocke und Jan Strakowski legten es 1612–14 im Stil eines Triumphbogens an. Die mit Säulen, Ornamenten und Rundbogenfenstern reich gegliederte zweigeschossige Fassade wirkt nicht nur leicht und elegant, sie steckt auch, ganz im Geist der Antikenverehrung, voller Symbolik. Die Balustrade etwa krönen je vier allegorische

---

MARCO POLO HIGHLIGHTS

★ **Frauengasse (ulica Mariacka)**
Terrassenartig erhöhte, sogenannte Beischläge säumen die schönste Straße der Rechtstadt → S. 65

★ **Krantor (Brama Żuraw)**
Der Hafenkran des Mittelalters hob tonnenschwere Lasten → S. 67

★ **Langer Markt (Długi Targ)**
Wo der Meeresgott den Artushof bewacht → S. 67

★ **Marienkirche (Kościół Mariacki)**
In der größten Backsteinkirche der Welt finden 25 000 Menschen Platz → S. 69

★ **Nationalmuseum (Muzeum Narodowe)**
Eine der wertvollsten Kunstsammlungen Polens → S. 70

★ **Oliwa (Oliva)**
Gemeinhin dienen Orgeln ihrer Kirche, mitunter ist es umgekehrt → S. 74

★ **Mole (molo)**
Die Seebrücke von Sopot ist ein Pfahlbau der Superlative → S. 77

★ **Langgasse (ulica Długa)**
Der Weg, den einst die Könige nahmen → S. 68

64 | 65

GDAŃSK (DANZIG)

Figuren: Wer in die Stadt kommt, den begrüßen Freiheit und Frieden, Reichtum und Ruhm. Wer sie durch das Tor verlässt, nimmt Weisheit und Gerechtigkeit, Frömmigkeit und Eintracht mit auf den Weg. An das Goldene Tor grenzt ein auffälliger Backsteinbau – der 1494 erbaute, vom flämischen Manierismus geprägte *Georgshof*, wo sich lange der exklusivste Club Danzigs zu Versammlungen und Festen traf: die St.-Georgs-Bruderschaft. Nicht einmal jeder reiche Patrizier hatte zu dieser Schützenzunft Zutritt. Auf dem Dach thront der biblische Drachentöter. Im 19. Jh. war hier eine Kunstschule untergebracht. Heute wird die Georgshalle für Veranstaltungen und Ausstellungen genutzt.

GROSSES ZEUGHAUS (WIELKA ZBROJOWNIA) (U C3) (*m c3*)

Mit seinen filigranen Schmuckgiebeln und der prächtigen Fassade gilt das Zeughaus am Ausgang der *Jopengasse (ul. Piwna)* zum *Holzmarkt (Targ Węglowy)* als schönstes Beispiel des Manierismus, einer niederländischen Spielart der Renaissance, in Danzig. Anton van Opberghen, seinerzeit einer der besten Architekten Europas, entwarf den Prunkbau um 1600 als Waffenarsenal. Heute birgt er Geschäfte und eine Kunsthochschule.

GRÜNES TOR (ZIELONA BRAMA) UND LANGE BRÜCKE (DŁUGIE POBRZEŻE) (U D4) (*m d4*)

Das Grüne Tor – es hat seinen Namen vom ursprünglich grünen Sandstein seiner prächtigen manieristischen Fassade – öffnet den Langmarkt zum Hafen an der Mottlau hin. Als das palastartige Grüne Tor 1568 entstand, war es als Herberge für den in der Stadt weilenden polnischen König gedacht. Doch Majestät zog andere Quartiere vor. Früher stand im Tor die Waage, auf der jeder Kaufmann seine Waren zu wiegen hatte, ehe er sie verkaufen durfte. Heute beginnt hinter dem Tor links die *Lange Brücke*, seit jeher belebte Promenade, heute bevölkert von Touristen, Souvenirhändlern, Straßenmusikanten, Eisverkäufern. Längs des Kais liegen die imposantesten der Danziger Stadttore – das *Frauentor*, das *Brotbänkertor*, das *Heiligengeisttor* und das *Krantor*. Eine Brücke führt vom Grünen Tor hinüber auf die Speicherinsel mit dem modernen Yachthafen. Dort standen einst 300 Lagerhäuser – die größte mittelalterliche Speicheranlage Europas. 25 sind bereits wieder aufgebaut, weitere sollen folgen.

HOHES TOR (BRAMA WYŻYNNA) (U C3) (*m c3*)

Der westliche Zugang zur Rechtstadt entstand aus dem äußeren Wehrtor der mittelalterlichen Stadtbefestigung. Seine heutige Form erhielt das Hohe Tor um 1585. Es trägt die drei Wappen jener Mächte, die das wechselvolle Schicksal der Stadt prägten: das polnische mit dem Adler, das preußische und das der freien Stadt Danzig. Gleich hinter dem Durchgang ragt backsteinrot der düstere Stockturm mit der Peinkammer auf. Der wuchtige gotische Komplex war einst Teil der Stadtbefestigung, Gerichtsgebäude und als Danzigs schlimmster Kerker berüchtigt. Heute geht's drinnen freundlicher zu: Im Stockturm zeigt das *Bernsteinmuseum (Muzeum Bursztynu | Di–Sa 10–16, So 11–16 Uhr | Targ Węglowy 26 | www.mhmg.gda.pl)* seine Schätze. Auf fünf Etagen glänzt das Gold der Ostsee in mehr als 5000 Exponaten.

JACEKTURM (BASZTA JACKA) (U D3) (*m d3*)

Wie ein versteinerter Wächter ragt der achteckige Wehrturm der mittelalter-

DANZIG UND UMGEBUNG

lichen Stadtbefestigung an der nördlichen Grenze der historischen Altstadt auf. Hier und in den benachbarten Straßen der Rechtstadt findet alljährlich im August der berühmte, dreiwöchige INSIDER TIPP Dominikanermarkt statt – eine Tradition seit 750 Jahren.

hoch hievten und Masten großer Segelschiffe aufrichteten. Das Krantor galt im Mittelalter lange Zeit als der größte Hafenkran der Welt. Heute ist es nicht nur das meistfotografierte Danziger Wahrzeichen, sondern auch Sitz des *Zentralen Meeresmuseums (s. S. 71)*.

Mächtig ragt das mittelalterliche Krantor vor der Speicherinsel auf

KATHARINENKIRCHE (KOŚCIÓŁ ŚW. KATARZYNY) (U D2) (*m d2*)

Danzigs ältestes Gotteshaus. Schon 1185 stand hier eine hölzerne Kirche, die heutige Form stammt aus dem 13. Jh. Im Chor der dreischiffigen Hallenkirche liegt der Danziger Bierbrauer und Astronom Johannes Hevelius begraben. Im barocken Turm ein stündlich erklingendes Glockenspiel und ein kleines *Uhrenmuseum (Mi bis So 10–17 Uhr). ul. Profesorska*

KRANTOR (BRAMA ŻURAW) ★
(U D3) (*m d3*)

Hinter der markanten Fassade des 1444 erbauten, von zwei Rundtürmen flankierten Tores sind noch die riesigen Treträder zu bestaunen, mit denen Hafenarbeiter und Sträflinge Lasten von bis zu 4 t 11 m

LANGER MARKT (DŁUGI TARG) ★
(U D4) (*m d4*)

Das pulsierende Herz der Altstadt. Hier stehen die berühmtesten Gebäude des historischen Danzig so kunstvoll restauriert beieinander, als sei die Stadt nie zerstört worden, überragt vom ● *Rechtstädtischen Rathaus* mit seinem 80 m hohen, filigran gestaffelten Uhrenturm, dessen Spitze eine vergoldete Statue von König Sigismund II. August krönt. Das Rathaus, um 1330 im Stil der Gotik erbaut, hat in den Jahrhunderten mehrfach sein Aussehen gewandelt. Über dem Portal der Schaufassade prangt das Wappen von Danzig. Das nach alten Vorlagen originalgetreu restaurierte Innere birgt heute das *Museum der Stadtgeschichte (Di–So 10–16 Uhr | www.mhmg.*

GDAŃSK (DANZIG)

Danziger Spitzen: Neptunbrunnen und Rathausturm am Langen Markt

gda.pl). Neben dem Rathaus erhebt sich der *Artushof (Dwór Artusa)*. In dem manieristisch geprägten Palast hielt die Zunft der mächtigen Hansekaufleute ihre Versammlungen und berüchtigte Gelage ab, später diente der Bau als Börse. Prunkstück des großen sterngewölbten Saals ist ein 12 m hoher Kachelofen: Jede der 520 Kacheln ist ein handbemaltes Delfter Original. Vor dem Artushof sprudelt eines der meistfotografierten Wahrzeichen der Rechtstadt: der 1621 vollendete *Neptunbrunnen (Fontanna Neptuna)*, geschaffen von den flämischen Künstlern Peter Husen und Johann Rogge. Hünenhaft reckt der Meeresgott den Dreizack. Unweit des Brunnens ragt aus der Häuserzeile an der Nordseite des Marktes das *Goldene Haus (Złota Kamienica)* auf, das wohl schönste Altdanziger Kaufmannspalais, erbaut 1609 für den damaligen Bürgermeister Jan Speymann (daher auch Speymannhaus genannt). Die aufstrebende Renaissancefassade aus weißen Stuckornamenten und Basreliefs aus grünem Marmor, gekrönt von vier antiken Figuren – Antigone, Kleopatra, Ödipus und Achilles –, ist wie der Artushof ein Werk des flämischen Baumeisters Abraham van den Blocke.

LANGGASSE (ULICA DŁUGA) ★ ●
(U C–D 3–4) (*m* c–d 3–4)

„Königsweg" heißt der von prachtvollen Giebelhäusern reicher Kaufleute gesäumte Boulevard zwischen dem Goldenen Tor und dem Langen Markt auch, weil alle Herrscher und Könige durch die Langgasse in die Rechtstadt einritten. Heute, da tagsüber zahllose Touristen und Einheimische durch die Hauptstraße der Rechtstadt flanieren, vermag man sich kaum noch vorzustellen, dass hier 1945 alles bis auf die Grundmauern in Schutt und Asche lag. Sehenswert sind das originalgetreu wieder aufgebaute *Löwenschloss (Lwi Zamek | Długa 35)*, in dem König Wladislaw residierte, wenn er in der Stadt war, sowie das berühmte *Uphagenhaus*. Das 1776 erbaute barocke Wohnpalais des Danziger Patriziers und Ratsherrn Johann Uphagen ist heute ein

DANZIG UND UMGEBUNG

Museum, in dem sich an viel Originalinterieur (es war ausgelagert und überstand so die Bombenangriffe) das Leben einer Patrizierfamilie zur Zeit des Rokoko nachempfinden lässt *(Di–So 10–16 Uhr | Dom Upenhagena | ul. Długa 12).*

MARIENKIRCHE (KOŚCIÓŁ MARIACKI)
★ (U D3) (📖 d3)
Wie für die Ewigkeit gebaut erhebt sich die größte Backsteinkirche der Welt hinter dem Rathaus über der Rechtstadt. 25 000 Menschen finden Platz in der 105 m langen und 68 m breiten, dreischiffigen Hallenkirche, deren überwältigender Raumeindruck durch filigrane Netz- und Sterngewölbe, den weiß ausgemalten Innenraum und das durch 37 haushohe Fenster einfallende Licht magisch verstärkt wird. Der größte Teil der einstmals prachtvollen Innenausstattung ging im Krieg verloren. Zu den erhaltenen Schätzen zählen heute der gotische *Hauptaltar* und die *Danziger Schöne Madonna* aus dem 15. Jh. in der Annenkapelle. Das Triptychon-Gemälde *Das Jüngste Gericht* von Hans Memling (1467–71) ist nur eine Kopie – das weltberühmte Original wird im Nationalmuseum gezeigt.

Einer der kostbarsten Schätze der Marienkirche ist die *Astronomische Uhr*. Das 12 m hohe Instrument aus dem Jahr 1470 besitzt ein kompliziertes Kalendarium und eine Himmelsscheibe. Täglich um 12 Uhr setzt sich das Figurenspiel der Uhr in Bewegung. Um den Meister Hans Düringer daran zu hindern, eine solche Uhr für eine andere Stadt zu bauen, ließen die Danziger Ratsherren ihm angeblich die Augen ausstechen. Bewegte Geschichte ließe sich auch über die Orgeln des Gotteshauses erzählen. Das heutige Instrument, 1985 geschaffen von der Orgelbaufirma Hillebrand (Altwarmbüchen) und intoniert nach dem Vorbild der barocken Friesenorgel, ist einem Förderkreis des deutschen Arztes und gebürtigen Danzigers Otto Kulcke zu verdanken. Orgelkonzerte in der Marienkirche sind ein grandioser Hörgenuss. Wagen sollten Sie den Aufstieg auf den 🌿 Turm. Es sind mehr als 400 Stufen, doch von der Galerie auf 78 m Höhe liegt Ihnen die Stadt in all ihrer Schönheit zu Füßen.

MUSEUM DER STADTGESCHICHTE (MUZEUM HISTORYCZNE MIASTA GDAŃSKA) (U D4) (📖 d4)
Das Museum im Rechtstädtischen Rathaus ist ein Höhepunkt eines Danzigbesuchs. Die Ausstellung beginnt im

Tägliche Völkerwanderung auf dem Boulevard: die Langgasse

68 | 69

GDAŃSK (DANZIG)

zweiten Stock, das Staunen schon in der barocken Eingangshalle und erst recht im *Roten Saal (Sala Czerwona),* in dem einst die Ratsherren tagten: Der mit Samt ausgekleidete Saal ist im Stil des holländischen Manierismus gestaltet, gekrönt von 25 prunkvollen Deckengemälden. Die meisten der Bilder sind Originale, sie waren vor den Bombenangriffen ausgelagert worden. Dem detailgetreuen Wiederaufbau des Rathauses widmet sich ein großer Teil des Museums, zu dem als Filiale auch der Artushof gehört. ● Mittwochs ist der Eintritt frei. *Di–So 10–16 Uhr | ul. Długa 47 | www.mhmg.gda.pl*

NATIONALMUSEUM (MUZEUM NARODOWE) ★ ● (U C4) (📍 c4)

Das ehemalige Franziskanerkloster in der Alten Vorstadt birgt eine der wertvollsten Kunstsammlungen Polens. Neben allerhand Porzellan, silbernen Preziosen und Ikonen faszinieren die Werke flämischer Maler von Pieter Breughel bis Anthonis van Dyck. Eigentlicher Schatz des Museums ist aber das Triptychon „Das Jüngste Gericht" von Hans Memling. Das weltberühmte Gemälde galt lange als verschollen, erst 1952 kam es nach einer abenteuerlichen Irrfahrt durch Europa, die es u. a. nach Paris und St. Petersburg verschlug, nach Danzig zurück. *Di–Fr 9–16, Sa/So 10–16 Uhr | ul. Toruńska 1 | www.muzeum.narodowe.gda.pl*

WERFT (U C–E1) (📍 c–e1)

Nördlich der Altstadt, wenige Gehminuten vom Hauptbahnhof, erstreckt sich das Gelände der ehemaligen Leninwerft. Im August 1980 rückte der Betrieb in den Mittelpunkt der Weltöffentlichkeit, als die Werftarbeiter um den charismatischen Elektriker Lech Walesa die Gründung der freien Gewerkschaft Solidarność erstreikten. Schiffe werden heute auf dem riesigen Industrieareal nicht mehr gebaut: Die Werft ging 1997 pleite. Einstweilen nutzt eine junge Kunst- und Kulturszene mit Duldung der Stadt einen Teil der alten Werfthallen.
Am berühmten früheren Haupteingang erinnert ein monumentales Denkmal *(Pomnik Poległych Stoczniowców)* an die Opfer des ersten Werftarbeiteraufstandes von 1970. Die ganze Geschichte

LOW BUDG€T

▶ Mit der Touristikkarte *Gdańska Karta Turystyczna* wird vieles um bis zur Hälfte billiger – der gesamte Nahverkehr, Schiffstouren und die meisten Museen *(im TIC, 2 Tage für 45 Złoty | auch für Gdańsk–Gdynia–Sopot erhältlich).*

▶ Günstiger und doch mittendrin kann man in Danzig nicht wohnen als im **(U E2)** (📍 *e2) Hostel Przy Targu Rybnym.* Beliebter Treff der Backpackerszene, toller Service, dazu viele Tipps gratis. *5 Zi., ein Schlafsaal | ul. Grodzka 21 | Tel. +48 58 3 01 56 27 | €*

▶ Die **(U D4)** (📍 *d4) Bar Mleczny (Milchbar) Neptun,* gastronomisches Relikt des Sozialismus, hat inzwischen fast Kultstatus. Es schmeckt, macht satt und kostet so gut wie nichts. *ul. Długa 33 | Tel. +48 58 3 01 49 88*

▶ Bernstein selbst suchen macht viel mehr Spaß als kaufen. Lohnt sich am ehesten am Strand von Jantar, 20 km östlich von Danzig. Dort finden alljährlich die Weltmeisterschaften im Bernstein-Netzfischen statt.

DANZIG UND UMGEBUNG

erzählt und dokumentiert die sehr sehenswerte multimediale Ausstellung *Wege zur Freiheit (Drogi do Wolności | Di–Do 10–17 Uhr | ul. Wały Piastowskie 24 | www.fcs.org.pl)* im einstigen Werkschutzgebäude nahe des Haupteingangs.

ZENTRALES MEERESMUSEUM (CENTRALNE MUZEUM MORSKIE)
(U D–E3) (*d–e3*)
Ausstellung im Krantor, der Flora und Fauna der Meere und der Geschichte Danzigs gewidmet. Der interessantere Teil des Museums befindet sich auf der *Insel Bleihof (Ołowianka | alle 15 Min. kostenlose Fähre):* erstaunlich, was Taucher in den letzten Jahren aus Wracks geborgen haben, u. a. die Ladung eines mittelalterlichen Handelsschiffes und Kanonen einer 1627 gesunkenen schwedischen Karavelle. *Di–So 10–18 Uhr | ul. Ołowianka 9 bis 13 | www.cmm.pl*

ESSEN & TRINKEN

BROVARNIA ● (U E4) (*e4*)
In der Brauereikneipe in einem urigen alten Speicher am Yachthafen lässt es sich auch tagsüber aushalten, bei ordentlichen Salatportionen, leckerem Fisch und – Weißwurst und Brezeln. Zudem wird hier im Keller eigener Gerstensaft gebraut, und der Blick auf Segelboote und Krantor sucht seinesgleichen. *Tgl. ab 13 Uhr | ul. Szafarnia 9 | Tel. +48 58 3 20 19 70 | www.hoteldansk.com.pl | €€*

GDAŃSKA (U D3) (*d3*)
Hanseatisch gediegen speist man in diesem Klassiker der Danziger Gourmettempel am Zeughaus. Berühmteste Spezialität des Hauses ist die Ente auf Danziger Art. *ul. św. Ducha 16 | Tel. +48 58 3 05 76 72 | €€€*

Drei Kreuze erinnern an die dramatischen Tage auf der Danziger Werft

INSIDER TIPP GOSPODA POD WIELKIEM MŁYNEM (U C2) (*c2*)
Schon wegen des rustikalen Flairs des Müllerzunfthauses einen Besuch wert, dazu gibt es handfeste polnische Kost, im Sommer am schönsten auf der Terrasse. Spezialität: *Barszcz* mit Fleischklößchen. *Na Piaskach 1 | Tel. +48 58 3 05 30 69 | €*

MESTWIN (U D3) (*d3*)
Das Lieblingslokal aller Kaschuben in Danzig in der nördlichen Rechtstadt. Neben deftigen altpolnischen stehen v. a. INSIDER TIPP kaschubische Spezialitäten und pikante Fischgerichte auf der Spei-

GDAŃSK (DANZIG)

sekarte. *ul. Straganiarska 21/22 | Tel. +48 58 3 01 78 82 | €*

CAFÉ PELLOWSKI (U D4) (*d4*)
Eine größere Auswahl an köstlichen Kuchen und Torten als im Café der traditionsreichsten Konditorei finden Sie in Danzig kein zweites Mal. *ul. Długa 40/42 | Tel. +48 58 3 01 45 20 | €*

Genuss kommen will, sollte reservieren! *ul. Szeroka 52 | Tel. +48 58 3 01 76 52 | www.podlososiem.com.pl | €€€*

TAWERNA (U D4) (*d4*)
Schiffsmodelle an der Decke, ein Kompass auf dem Tresen und allerhand maritimes Interieur können nur eins bedeuten: Hier wird Fisch serviert. Den gibt es ganz frisch und in großer Auswahl, daneben auch kaschubische Spezialitäten und europäische Küche. *ul. Powroźnica 19 | Tel. +48 58 3 01 41 14 | www.tawerna.pl | €€*

So exquisit wie das Essen ist auch das Ambiente im berühmten Gourmetlokal Pod Lososiem

POD ŁOSOSIEM ● (U D3) (*d3*)
Das Restaurant „Zum Lachs" ist eine Danziger Institution. Im berühmtesten Feinschmeckerlokal der Stadt tafelte Papst Johannes Paul II., schwärmte Charles Aznavour von den erlesenen altpolnischen und Danziger Köstlichkeiten, die in dem 1598 vom Exilholländer Ambrosien Vermöllen gegründeten Gourmettempel serviert werden. Zu einem guten Essen gehört hier unbedingt ein Glas „Lachs – Original Danziger Goldwasser" – schließlich wurde der legendäre Likör, angereichert mit 22-karätigen Blattgoldflocken, 1606 im Hause erfunden. Wer in den

EINKAUFEN

Danzig ist ein Schatzkästchen des gelben *Bernsteinschmucks*, das Angebot ist nirgends an der Ostsee größer. Die besten Juweliere finden Sie in der *Frauengasse* z. B. im *Studio Amber (ul. mariacka | www.studioamber.pl)*, oder bei ● Baltic Stone *(ul. Mariacka 29)*, am *Langmarkt (Długi Targ)* und an der *Langen Brücke (Długie*

DANZIG UND UMGEBUNG

Pobrzeże). Danzigs modernstes Shoppingcenter ist die Madison-Galerie am Rand der Altstadt *(www.madison.gda.pl).* Das ungewöhnlichste: die *Große Mühle (Wielki Młyn | Mo–Fr 10–20, Sa 10 bis 13 Uhr | ul. Wielki Młyn 16).* Selbst wenn man hier nichts kaufen will, lohnt sich ein Blick in das ausgehöhlte Innere der größten mittelalterlichen Mühle Europas (um 1350) am Radaune-Kanal.

Große Auswahl an polnischen Kunsthandwerk und Souvenirs gibt es bei *Cepelia (Długa 47 | s. Kapitel Einkaufen).* Eine der besten Kunstgalerien der Stadt ist die *Galeria Jackiewicz (ul. Mariacka 50),* hier gibt's auch tollen Silberschmuck. Eine Danziger Institution ist die historische *Markthalle (Targowa Hała)* an der Grenze zwischen Alt- und Rechtstadt. Frisches Obst, Gartengemüse, Käse und Michprodukte, ein Meer von Blumen: Rings um die Halle am Dominikanerplatz lebt das Danzig der Danziger.

AM ABEND

BALTISCHE PHILHARMONIE (POLSKA FILHARMONIA BAŁTYCKA) ● (U E3) (*e3*)
Einer der renommiertesten Klassikklangkörper Polens mit einem Repertoire weit über Chopin und Brahms. *ul. Ołowianka 1 | Tel. +48 58 3 05 20 40 | www.filharmonia.gda.pl*

IRISH PUB (U C2) (*c2*)
Im verrauchten Keller des Altstädtischen Rathauses trifft sich abends ein buntes Publikum – Studenten, Künstler, Intellektuelle. Am Wochenende oft Livemusik, von Irish-Folk bis Jazz. *ul. Korzenna 33/35 | Tel. +48 58 3 20 24 74 | €*

STOCZNIA (U C1) (*c1*)
Der trendige Dance-Spot liegt auf dem früheren Werftgelände, die DJs legen allabendlich von Industrial bis Techno auf. *ul. Doki 1 | Tel. +48 58 7 69 12 04 | www.stoczniagdanska.pl*

ÜBERNACHTEN

DOM HARCERZA (U C4) (*c4*)
Einfache, sehr günstige Zimmer im burgartigen Flair des Pfadfinderhauses, zentral unweit vom Goldenen Tor gelegen. *19 Zi. | ul. Z. Murami 2/10 | Tel. +48 58 3 01 36 21 | www.domharcerza.pl | €*

HANZA (U D3) (*d3*)
Neues Komforthotel in Toplage direkt am Krantor, Zimmer mit Blick auf die Speicherinsel. Sehr beliebt und oft ausgebucht. *53 Zi. | Tokarska 6 | Tel. +48 58 3 05 34 27 | www.hanza-hotel.com.pl | €€–€€€*

KRÓLEWSKI (U E3) (*e3*)
Hinter der Fassade eines mittelalterlichen Speichers neben der Philharmonie erwarten Sie der Komfort eines modernen Hotels und schöne Zimmer in rustikalem Ambiente. Toll: der Blick durch die Bogenfenster aufs Krantor. *30 Zi. | ul. Ołowianka 1 | Insel Bleihof | Tel. +48 58 3 26 11 11 | www.hotelkrolewski.pl | €€*

PODEWILS (U E3) (*e3*)
Zweifellos die feinste Adresse in Danzig. Hinter der Rokokofassade von 1728 erwartet Sie luxuriöser Fünfsternekomfort, die Zimmer sind antik möbliert und individuell gestaltet, das Gartencafé charmant und das Ganze natürlich in Premiumlage: direkt am Yachthafen, mit Blick auf das Krantor. *10 Zi. | ul. Szafarnia 2–3 | Tel. +48 58 3 00 95 60 | www.podewils.pl | €€€*

WOLNE MIASTO (U D3) (*d3*)
In einer ruhigen Nebenstraße residiert dieses komfortable Hotel in zwei origi-

GDAŃSK (DANZIG)

nalgetreu rekonstruierten alten Kaufmannshäusern. Restaurierte Möbel und historische Fotos verbreiten Altdanziger Flair.

Im Restaurant **INSIDER TIPP** *Zeppellin* kreuzt Łukasz Miecznikowski, einer der berühmtesten Köche Polens, traditionelle Gerichte mit modernen und eher ungewöhnlichen Zutaten. Eine kleine Kostprobe gefällig? Hühnerbrust in Nusshülle, serviert mit gebratener Birne an Vogelbeersoße. *42 Zi. | ul. Św. Ducha 2 | Tel. +48 58 3 22 24 42 | www.hotelwm.pl | €€*

AUSKUNFT

TOURISMUSBÜRO PTTK
(U D4) (*d4*)
ul. Długa 45 | am Langmarkt | Tel. +48 58 3 01 91 51 | www.pttk-gdansk.pl

STÄDTISCHES TOURISMUSBÜRO
(U D2) (*d2*)
ul. Heveliusza 27 | Tel. +48 58 3 01 66 37 | www.gdansk.pl

Aktuelle Veranstaltungstipps finden Sie auch in den Heften *Gdańsk In Your Pocket*, die kostenlos in den großen Hotels ausliegen *(www.inyourpocket.com)*.

ZIELE IN DER UMGEBUNG

OLIWA (OLIVA) ★ (124 A3) (*K3*)
Die einst selbstständige Stadt am Hügelsaum des Trójmiasto-Waldparks, 15 km westlich von Danzig, birgt einen Schatz der Kirchenmusik: Der Dom zu Oliva – die frühgotische Kathedrale einer im 12. Jh. gegründeten Zisterzienserabtei – beherbergt eine berühmte Rokokoorgel von 1763. 20 Jahre dauerte der Bau des Instruments, in den folgenden

BÜCHER & FILME

▶ **Reise nach Pommern** – Hommage des gebürtigen Pommern Christian Graf von Krockow an das alte Land am Meer und seine heutigen Bewohner (1985)

▶ **Danzig. Ein Lesebuch** – Danziger Geschichten von Arthur Schopenhauer bis E.T.A. Hoffmann, herausgegeben von Heike Rosbach & Diethard Klein (1990)

▶ **Café Saratoga** – Marlin Schwerdtfeger zeigt Polen zu Zeiten sozialistischer Agonie: Auf der Halbinsel Hel wachsen die deutschstämmigen Mädchen Sonja und Majka auf, bis sie nach Deutschland ausreisen dürfen – in die Fremde (2001)

▶ **Die Blechtrommel** – Im ersten Teil seiner „Danziger Trilogie" (1959) beschreibt Günter Grass, selbst 1927 in Danzig geboren, die Stadt zur Zeit des aufziehenden Naziregimes ironisch aus Sicht des Jungen Oskar Mazerath. 1979 von Volker Schlöndorff zumeist an Originalschauplätzen verfilmt

▶ **Die Heldin** – Seinen dritten Danzig-Film widmete Volker Schlöndorff der Kranfahrerin Anna Walentynowicz, deren Entlassung im August 1980 den Streik der Arbeiter auf der Lenin-Werft ausgelöst und zur Gründung der Soliodarność geführt hatte (2007)

▶ **Pommerland** – Volker Koepp versteht es meisterhaft, vergessene Landschaften und Menschen melancholisch und leicht skurril in Szene zu setzen (2005)

DANZIG UND UMGEBUNG

20 Jahre Bauzeit haben sich definitiv gelohnt: die überwältigend schöne Orgel im Dom zu Oliwa

Jahrhunderten wurde es mehrfach umgebaut und erweitert. Heute erzeugen seine 7880 Pfeifen und 100 Register einen grandiosen Klang. Während die Orgelpfeifen erklingen, bewegen sich dazu geschnitzte Engelsfiguren mit Posaunen und Glocken. Im Sommer gibt es tagsüber von 10 bis 16 Uhr stündlich **INSIDER TIPP Kurzvorführungen.**
Gleich hinter der Kathedrale schließt sich ein großer, malerischer ● Park aus dem 18. Jh. an, in dem die sommerlichen Klassikkonzerte besonders beeindrucken. Sehenswert ist der ebenfalls vom Rokoko geprägte *Bischofspalast (Pałac Opatów)*. Nebenan ist im alten Kornspeicher der Klosterabtei das *Kaschubische Volkskundemuseum (Muzeum Etnograficzne | Di–So 10–16 Uhr)* untergebracht. Fein (französisch) speisen Sie im eleganten Restaurant des ● Luxushotels *Dwór Oliwski (ul. Bytowska 4 | Tel. +48 58 5 54 70 70 | www.dworoliwski.com.pl | €€€)* mit rustikalem Weinkeller und stilvoll ausgestattetem Spa.

PELPLIN (124 B5) (*K4*)
Das Städtchen 60 km südlich von Danzig ist bei Kunst- und Architekturfans in ganz Polen berühmt für sein 1276 gegründetes Zisterzienserkloster, ein Kleinod gotischer Baukunst. Mit ihren Stufengiebeln, dem stuckverzierten Nordportal und filigran vernetzten Sterngewölben zählt die Basilika zu den schönsten Kirchen im Ostseeraum. Innen rauscht Barock, gekrönt vom prächtigen Hauptaltar, mit 26 m Höhe dem höchsten Altar des Landes. Weitere Schätze bewahrt das *Diözesanmuseum (Di–So 11–16 Uhr)*, u. a. eine Gutenberg-Bibel. www.pelplin.pl

WESTERPLATTE (124 B3) (*K3*)
Der beste Weg zur Westerplatte, 10 km nördlich von Danzig, ist eine Tour mit den Schiffen der Weißen Flotte. Vom Anleger am Grünen Tor fahren im Sommer von 8 bis 18 Uhr etwa stündlich Ausflugsschiffe zur Halbinsel an der Mottlau-Mündung ab, wo am 1. September 1939 mit dem Angriff des Schlachtschiffes „Schleswig

SOPOT (ZOPPOT)

Holstein" auf ein polnisches Militärdepot der Zweite Weltkrieg ausbrach. An den heldenhaften Widerstand der 183-köpfigen Wachgarnison, die sich der deutschen Übermacht erst nach sieben Tagen ergab, erinnert seit 1966 ein Denkmal auf dem höchsten Punkt der Westerplatte. Ein kleines *Museum (Mai–Okt. tgl. 9–16 Uhr)* dokumentiert die historischen Ereignisse. Manche Schiffe legen an der Westerplatte nur einen kurzen Zwischenstopp ein. Vor Fahrtantritt erkundigen!

SOPOT (ZOPPOT)

(124 A2–3) (*K3*) **Im Westen eingerahmt von den Hügelketten Kaschubiens, vom Norden her gegen Brandung geschützt durch die Halbinsel Hel liegt Sopot (43 000 Ew.), Polens elegantestes Seebad. Es ist auch das milde Klima, dem die „Riviera des Nordens" ihre besondere Beliebtheit verdankt.**

Als Vater der Kurtradition gilt der französische Militärarzt Jean George Haffner, der 1824 im damaligen Zoppot ein kleines Sanatorium einrichtete. Der steile Aufstieg zum Glamourstrandbad begann erst hundert Jahre später, in den goldenen Zwanzigern, als die Boheme aus Berlin und Danzig sich hier eine Insel des mondän-hemmungslosen Genießens einrichtete, mit Spielkasinos, Pferderennbahn und einer Waldoper samt Wagner-Festspiel, das Zoppot bald den Beinamen „Klein-Bayreuth an der Ostsee" eintrug. Die Zeiten sind vorbei. Doch Sopot, 1998 offiziell zum Kurbad befördert, ist auf dem Weg zurück in die Zukunft. Längst ist in der Touristenstadt wieder alles auf Urlaub ausgerichtet, in einer Mischung aus Eleganz, Zoppot-Nostalgie und modernem Badetrubel. Mit über 2 Mio. Besuchern pro Jahr zählt sie zu den beliebtesten Badeorten an der gesamten Ostsee.

Trockenen Fußes geht es auf der Mole in Sopot einen halben Kilometer hinaus auf die Ostsee

DANZIG UND UMGEBUNG

SEHENSWERTES

MOLE (MOLO) ★ ●
Der 1842 angelegte Seesteg ist mit 512 m der längste Europas. Wer hinausspazieren will, muss ein paar Złoty Eintritt zahlen, was der täglichen Übervölkerung keinen Abbruch tut. Im Sommer spielt an der kleinen Kurbühne oft Musik, vom großen Jazzfestival Ende Juli bis zum nachmittäglichen Klassikkonzert. Am Molenkopf legen Ausflugsschiffe ab: zur Halbinsel Hel, nach Danzig und Gdynia.

PROMENADE (BOHATERÓW MONTE CASSINO)
Sopots Flanierboulevard, von den Einheimischen *Monciak* genannt, zieht sich vom Bahnhof bis auf die Seebrücke – einst als kürzester Weg der Anreisenden zum Strand gedacht, heute gesäumt von urigen Pubs und schicken Straßencafés, Restaurants, exklusiven Läden und alten Bädervillen: Seebadnostalgie pur.

Modernes Wahrzeichen des Monciak ist das *Schiefe Haus* (Nr. 50) mit seiner eigenwillig verzogenen Fassade als Blickfang und Lieblingsfotomotiv Sopots. Als Symbol des Monciak in ganz Polen bekannt ist das Denkmal des Regenschirmverkäufers am Anfang des Boulevards.

SÜDPARK (PARK POŁUDNIOWY)
Einer der großen Parks in Sopot und für viele Stammgäste der schönste. 150 Jahre alte Bäume begrenzen die gepflegte Anlage am Südrand des Kurortes. Angelegt wurde der Südpark nach Plänen von Jean George Haffner, dem Begründer der Seebadtradition Sopots.

WALDOPER (OPERA LEŚNA)
Wie ein antikes Theater wurde die Waldbühne 1909 in ein bewaldetes Tal am Weststrand Sopots hineinkomponiert, 4500 Besucher haben hier Platz. Der Spielplan spiegelt den Zeitenwandel: Was den 1920er-Jahren die Wagner-Festspiele waren, sind heute Musicals, Rockkonzerte und seit 1961 im August das Schlagerfestival – legendär seit Entdeckung der Popgruppe Abba.
Das aktuelle Programm bekommen Sie in der Touristeninformation oder über die Künstleragentur Bart *(Tel. +48 58 5 55 84 40 | www.bart.sopot.pl). Besichtigungen der Waldoper: Mai–Sept. tgl. 10–19 Uhr*

ESSEN & TRINKEN

GALERIA MILANO
Die Eisdiele ist eine Sopoter Institution, und das seit über 50 Jahren. Frische Beeren zu frisch gemixtem Eis, hausgemachte Saucen und dazu unbedingt einen Espresso, einen besseren gibt's weit und breit nicht! *Tgl. 10–19 Uhr | Monte Cassino 58 | Tel. +48 58 5 50 45 21 | €€*

SOPOT (ZOPPOT)

POD STRZECHĄ!
In einem der ältesten Restaurants Sopots können Sie unter jüdischen, litauischen und altpolnischen Köstlichkeiten auswählen. *Monte Cassino 41 | Tel. +48 58 5 51 24 76 | €€*

PRZYSTAN
Halb Restaurant, halb Bar, am südlichen Ende der Strandpromenade, am besten sitzt es sich auf der Dachterrasse. Sehr beliebt. Leckere Fischgerichte. *al. Wojska Polskiego 11 | Tel. +48 58 5 55 06 61 | www.barprzystan.pl | €€*

FREIZEIT & SPORT

SEGELCLUB HESTIA
Einer der professionellsten Anbieter für alles rund ums Windsurfen und Segeln, Verleih von Boards und Katamaranen (Hobie), auch Ausbildung und Training. Der Club vermietet auch einfache Gästezimmer. *Mai–Sept. tgl. 7–23 Uhr | Hestii 3 | Tel. +48 58 5 55 72 00 | www.skz.sopot.pl*

STRAND

Perlweiß und feinsandig säumt der fast 5 km breite Strand den Kurort. Bedingt durch die geschützte Lage, erwärmt sich das Ostseewasser im Sommer schnell. Die Wasserqualität hat sich in den letzten Jahren erheblich verbessert, von Badeverboten ist keine Rede mehr!

AM ABEND

KINSKI
Szenetreff im Geburtshaus des genialen Schauspielers am Bahnhof. Der Pub ist im Stil eines Filmstudios eingerichtet, an den Wänden Kinski-Plakate und Filmszenen. Man kann hier auch ganz gut essen. *ul. Kościuszki 10 | Tel. +48 58 5 51 71 65 | €€*

ÜBERNACHTEN

INSIDER TIPP ▶ EDEN
Das Eden liegt zentral und in Strandnähe, es gibt gemütliche Zimmer, und diese sogar günstig. Achtung: rechtzeitig reservieren! *14 Zi. | ul. Ks. A. Kordeckiego 4/6 | Tel. +48 58 5 51 15 03 | www.hotel-eden.com.pl | €*

HAFFNER
Das nach dem Sopoter Seebadgründer benannte Komforthotel nahe der Mole bietet alles, was man für einen Wellnessurlaub braucht: Schwimmbad, Sauna und Jacuzzi, dazu die ganze Palette von Spa-Behandlungen von der Gesichtspflege bis zur Massage. *106 Zi. | Tel. +48 58 5 50 99 99 | www.hotelhaffner.pl | €€€*

SOFITEL GRAND SOPOT
Fidel Castro, Omar Sharif, Tina Turner: Die Liste illustrer Namen ist lang im Gästebuch des weißen Luxushotels am Strand, das nach aufwendiger Renovierung wieder mit klassisch-nostalgischem Art-Déco-Flair aufwartet. *135 Zi. | Powstańców Warszawy 12/14 | Tel. +48 58 5 51 00 41 | www.orbis.pl | €€€*

INSIDER TIPP ▶ HOSTEL SŁONECZNY PATROL
Die kleine, sehr saubere und frisch sanierte Pension liegt nah am Strand, bis zur Mole ist es auch nicht weit. Für die Lage sind die hellen, sonnigen Zimmer unschlagbar günstig, zumal: Frühstück ist im Preis drin. *7 Zi. | Haffnera 90 | Mobil +48 7 22 02 16 05 | www.slonecznypatrol.com | €*

AUSKUNFT

TOURISTENINFORMATION
ul. Dworcowa 4 | am Bahnhof | Tel. +48 58 5 50 37 83 | www.sopot.pl

DANZIG UND UMGEBUNG

Klaus Kinski wäre sicher Stammgast im Café in seinem Zoppoter Geburtshaus

ZIEL IN DER UMGEBUNG

GDYNIA (GDINGEN) (124 A2) (*K2*)

Noch vor dem Ersten Weltkrieg war Gdynia (10 km nördlich) ein kleines Fischerdorf. Der beispiellos steile Aufstieg begann, als der Ort nach dem Ersten Weltkrieg zum wichtigsten Hafen der wieder gegründeten Republik Polen wurde: Innerhalb weniger Jahrzehnte stieg die Einwohnerzahl auf 240 000. Das riesige Hafengelände prägt die jüngste Stadt der Polnischen Ostseeküste. Sehenswürdigkeiten aus Backsteingotik und Barock hat sie natürlich nicht zu bieten, dafür eine vom Bauhausstil geprägte moderne *City* mit Geschäften, stimmungsvollen Cafés und Restaurants längs der beiden Boulevards *Starowiejska* und *Świętojańska*.

Originell ist das schwimmende Lokal *Viking II (al. Zjednoczenia | Tel. +48 58 6 61 46 21 | €€)* in einem nachgebauten Wikingerboot an der Südmole gleich neben den Museumsschiffen. Beim Kneipenbummel geht nichts über den Pub *Donegal (ul. Zgoda 10 | Tel. +48 58 6 20 46 23 | €)* – ein uriges Stück Irland mitten in Gdynia, meist rappelvoll, tolle Stimmung. Das *Witold-Gombrowicz-Stadttheater (www.teatrgombrowicza.art.pl)* zieht alljährlich in der Feriensaison auf die INSIDER TIPP Sommerbühne am Strand von Orłowo um. Die stimmungsvollen Aufführungen auf der Freilichtbühne, von Shakespeare bis zum Klassikkonzert, sind einzigartig an der polnischen Ostsee. Spaktakulär ist der neue *Sea Tower (Hryniewickiego 6 | Tel. +48 58 6 25 95 56 | www.seatowersgdynia.pl | €€€)*, mit 142 m das höchste Gebäude an der polnischen Küste. Ein Teil ist Hotel und bietet gut ausgestattete, modern eingerichtete Appartements verschiedener Größen.

Einen Ausflug wert ist Gdynia aber vor allem des eindrucksvollen ● *Ozeanografischen Museums (Mai–Aug. Di–So 9–19, sonst 10–17 Uhr | al. Zjednoczenia 1 | www.akwarium.gdynia.pl)* wegen: In 30 großen Seewasseraquarien tummeln sich ganze Schwärme von Meeresschildkröten, bunten tropischen Fischen, Piranhas und Haie. *Auskunft: Pl. Konstytucji 1, Hauptbahnhof | Tel. +48 58 6 28 54 66 | www.gdynia.pl*

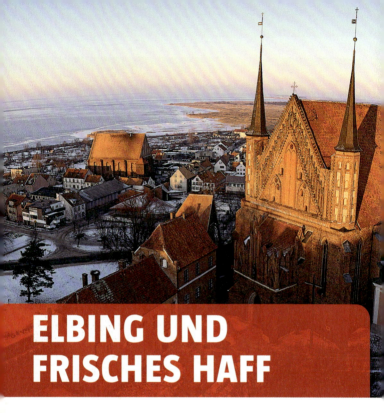

ELBING UND FRISCHES HAFF

Gemächlich strömt die Weichsel südöstlich von Danzig der Ostsee entgegen. Ein sanftes Urstromtal, in einem breit ausgewalzten Delta zerfließend, Kiebitze fliegen über Niedermoor, Kühe grasen auf umdeichten Wiesen, kein Dorf, in dem nicht Störche klappern.

Wenige Kilometer östlich der Weichselmündung liegt das Frische Haff – eine weite Lagune, durch die Mierzeja Wiślana (Frische Nehrung) vom Meer abgetrennt. Zwischen Weichsel und Haff begann einst das alte Ostpreußen, in dessen historischer Tiefe die Fäden polnischer, deutscher und baltischer Geschichte miteinander verwoben sind. Wer hat nicht schon von der Marienburg gehört, einst Hauptsitz des Deutschen Ordens? Die berühmte Burg schlägt Jahr für Jahr eine halbe Million Besucher in ihren Bann. Ansonsten ist das Leben so beschaulich, dass man meint, einer verlorenen Zeit auf der Spur zu sein.

ELBLĄG (ELBING)

(124 C4) (*L3–4*) Wie Zinnen einer Burg schmiegen sich die Giebelhäuser um die Nikolaikirche, schmale, hohe Fensterfronten, die Fassaden herausgeputzt, im Parterre werben Lädchen und Cafés.

Ein schmuckes, lebensbuntes Stück Altstadt. Doch alt ist hier gar nichts. Erst vor wenigen Jahren hat man begonnen, das

Bild: Frauenburg

Im Land zwischen Weichsel und Haff gehen die Uhren anders. Hier verschmelzen polnische, baltische und deutsche Kultur

historische Zentrum von Elbląg (145 000 Ew.) originalnah neu aufzubauen. Eine Lücke nach der anderen schließt sich, und mit vielen kleinen architektonischen Wundern versucht die Stadt, zurückzufinden zur Schönheit des alten Elbing, das im April 1945 in einem 19-tägigen apokalyptischen Häuserkampf in Schutt und Asche sank. Die Stadt war so stark zerstört, dass man erwog, sie einzuebnen. Heute ist Elbląg das vitale Zentrum einer strukturschwachen Grenzregion, viele Menschen aus der Umgebung arbeiten hier.

SEHENSWERTES

ELBLĄG-MUSEUM

Wer sich für die Geheimnisse aus der Frühzeit der Ostseevölker interessiert, findet hier einen Schatz: Das Museum zeigt **INSIDER TIPP** archäologische Exponate aus Truso, dem sagenhaften Hafen- und Handelsplatz der Wikinger und Pruzzen aus dem 9. Jh. Die Ausstellung vermittelt auch einen Eindruck von Reichtum und Macht des alten Elbing, das zu Hansezeiten lange ebenbürtige

ELBLĄG (ELBING)

Konkurrentin Danzigs war. Das Museum ist in einem der geschichtsträchtigsten Gebäude der Stadt untergebracht: Es ist der letzte Rest der Burg des Deutschens Ordens. Die eigentliche Burg gibt es schon lange nicht mehr, sie wurde 1453 von aufgebrachten Elbinger Bürgern zerstört. *Di–Do 10–16 Uhr | bulwar Zygmunta Augusta 11 | www.muzeumelblag.gabo.pl*

der Kontrast von Gotik und Moderne – Teil des Konzepts. Die konservative katholische Kirche wetterte schon oft wider das „ketzerische Treiben im Haus Gottes", doch die Betreiber der Galerie können sich auf legale, seit den 1960er-Jahren bestehende Besitzrechte berufen – und haben viele Unterstützer in der Stadt. *Mo–Fr 10–17, Sa/So 10–16 Uhr | ul. Wałowa*

Auf dem Oberländischen Kanal müssen die Schiffe fünfmal übern Berg

MARIENKIRCHE (KOŚCIÓŁ N. P. MARII)

Einen Besuch wert ist die ehemalige, von Dominikanermönchen erbaute Kirche (geweiht 1246) wegen der zeitgenössischen Malerei, die heute in dem als INSIDER TIPP Kunstgalerie genutzten Sakralbau gezeigt wird. Die *Galerie EL* macht regelmäßig mit Aufsehen erregenden Ausstellungen und Theaterstücken von sich reden, im Sommer gibt's hier manchmal auch Jazzkonzerte.

Bis heute trägt die Marienkirche tiefe Narben der Geschichte. Auf die Restaurierung ist bewusst verzichtet worden, es ist – wie

MARKTTOR (BRAMA TARGOWA)

Das letzte erhaltene von einst sieben mittelalterlichen Stadttoren stammt aus der Zeit, als die Rechtstadt noch von einer hohen Wehrmauer umgeben war. Reste sind rechts und links des 1319 erbauten Tores zu sehen. *ul. Stary Rynek 2*

NIKOLAIKIRCHE (KOŚCIÓŁ ŚW. MIKOŁAJA) ★

Elbląg Wahrzeichen. Aus welcher Richtung man sich der Stadt auch nähert, schon von weitem ragt der schlanke, 96 m hohe Turm der Nikolaikirche über den Giebelhäusern der Altstadt auf. Die

ELBING UND FRISCHES HAFF

gotische Kathedrale, erbaut 1237, ist dem Schutzheiligen der Seefahrer geweiht. Die originale Innenausstattung wurde während des Krieges fast völlig zerstört, erhalten blieben die schöne Renaissancekanzel, ein Triptychon aus dem Jahr 1510 und ein bronzenes Taufbecken. *ul. Mostowa*

AUSFLUGSSCHIFFFAHRT

Elbląg ist bekannt für seine Ausflugsschifffahrten. Die Dampfer starten vom Anleger am Rand der Altstadt zu Rundfahrten auf dem Frischen Haff, nach Krynica Morska und nach Frombork. *Informationen: www.zegluga.gda.pl*

Am reizvollsten ist eine Reise auf dem *Kanał Elbląski (Oberländischer Kanal)* nach *Ostróda*. Da die 82 km lange Wasserstraße mehr als 100 m Höhenunterschied zu bewältigen hat, wurden beim Bau des Kanals – 1844 bis 1856 nach Plänen des Königsberger Baurats Georg Steenke – sogenannte geneigte Ebenen angelegt. Das Schiff wird auf Gleisen buchstäblich über den Berg gezogen. Die fünf Landübergänge sind ein technisches Meisterwerk des 19. Jhs. Die Tour von Elbląg nach Ostróda dauert elf Stunden, für die Rückfahrt steht ein Bus bereit. *Die Schiffe verkehren Mai bis Sept | Anleger: bulwar Zygmunta Augusta 1 | Tel. +48 +48 55 2 32 42 02 | www.zegluga.com.pl*

ESSEN & TRINKEN

CARILLON
Bunte Mosaikfenster sind das Markenzeichen des Cafés an der Nikolaikirche. *ul. Mostowa 2 | €€*

SŁOWIAŃSKA
Edelrestaurant am Rand der Altstadt, berühmt für seine altpolnischen Spezialitäten. *ul. Krótka 4 | Tel. +48 55 2 32 42 78 | www.slowianska.elblag.pl | €€€*

STRZECHA
Im Strzecha bekommen Sie italienisch-leichte Kost im urgemütlichen Flair einer Alt-Elbinger Schänke. Große Auswahl an Pizza und Pasta zu günstigen Preisen. *ul. Studzienna 4 | Tel. +48 55 2 32 09 33 | €*

ÜBERNACHTEN

GROMADA
Elblągs bestes Hotel bietet hinter repräsentativer Fassade komfortablen Dreisternestandard. *112 Zi. | Pl. Słowiański 2 | Tel. +48 55 2 30 61 91 | www.gromada.elblag.pl | €€*

INSIDER TIPP MŁYN
Hier wohnen Sie rustikal, aber sehr stilvoll in einer alten, sogenannten Strauchmühle, einer Wassermühle, die aus dem

---

MARCO POLO HIGHLIGHTS

★ **Nikolaikirche (Kościół św. Mikołaja)**
Elblągs historisches Wahrzeichen überragt die nun wieder neue Altstadt → S. 82

★ **Frombork (Frauenburg)**
Die gotische Domburg steht ganz im Zeichen des großen Astronomen Nikolaus Kopernikus → S. 84

★ **Malbork (Marienburg)**
Von der machtvollen Backsteinfestung aus herrschte der Deutsche Orden über sein Reich → S. 85

★ **Mierzeja Wiślana (Frische Nehrung)**
Feinste Strände: Die sichelschmale Landzunge trennt die Ostsee vom Haff → S. 86

ELBLĄG (ELBING)

18. Jh. stammt. *25 Zi. | ul. Kościuszki 132 | Tel. +48 55 2 35 04 70 | www.hotelmlyn.com.pl | €€*

POD LWEM
Mittelklassehotel in einem meisterhaft rekonstruierten gotischen Bürgerhaus inmitten der „neuen" Altstadt unweit der Nikolaikirche. Jedes Zimmer ist anders eingerichtet, jede Etage hat ihre eigene Farbe. Der Name „Zum Löwen" bezieht sich auf die Skulptur an der Spitze des Giebels. *20 Zi. | ul. Kowalska 10 | Tel. +48 55 6 41 31 00 | www.hotelpodlwem.pl | €€*

AUSKUNFT

TOURISMUSINFORMATION
ul. Czerwonego Krzyża 2 | Tel. +48 55 2 32 42 34 | www.ielblag.pl

LOW BUDG€T

▶ Das Frische Haff aus einer unvergesslichen Perspektive erleben? Suchen Sie sich einen Mitsegeltörn von Suchacz aus. Im Hafen fragen und mit einer einfacheren Jolle vorliebnehmen – dann schont es auch die kleine Reisekasse. Die polnischen Segler sind Meister ihres Fachs!

▶ Ein Geheimtipp, die Landschaft am Frischen Haff zu erleben, ist eine Reise mit der Regionalbahn von Elblag nach Braniewo: mehr als 30 km am Haff entlang, immer wieder mit herrlichen Ausblicken. Die Fahrkarte ist spottbillig (ca. 2,50 Euro). Man kann das Rad mitnehmen und unterwegs aussteigen, z. B. im Fischerdorf Tolkmicko, in Kadyny oder Frombork.

ZIELE IN DER UMGEBUNG

FROMBORK (FRAUENBURG) ★ ☼
(125 D3) (*M3*)
Einer Festung ähnlich thront der *Frauenburger Dom* über den Dächern des Haffstädtchens (3000 Ew.) 30 km nordöstlich von Elbląg. Mit ihren nadelschlanken Türmen und dem filigran verzierten Giebel zählt die 1388 geweihte Kathedrale zu den schönsten gotischen Sakralbauten an der Ostsee – der Ausblick aus 70 m Höhe auf Stadt und Haff ist phantastisch. Das Innere der Kirche ist vom Barock geprägt: In dem ornamentalen Rausch fällt das kostbarste Stück, der Flügelaltar von 1504, kaum auf. Die Domorgel ist berühmt für ihren Klang, im Sommer finden hier jeden Sonntag INSIDER TIPP Orgelkonzerte statt.

In Frombork wirkte fast 50 Jahre lang der Universalgelehrte und Astronom Nikolaus Kopernikus als Domherr. Sein Grab galt als verschollen, erst 2005 fanden Archäologen seine Gebeine bei Ausgrabungen im Dom. Dort wurde Kopernikus im Mai 2010 mit pompösem Zeremoniell ein zweites Mal bestattet, in einem Sarg aus schwarzem Granit, dessen Deckel ein Modell des Sonnensystems ziert. *Mai–Sept. tgl. 9.30–17 Uhr, Okt.–April tgl. 9.30–16 Uhr | www.frombork.pl*

KADYNY (CADINEN)
(125 D3) (*L–M3*)
Eingebettet in die hügeligen Wälder am Haff, verbirgt sich 20 km nordöstlich ein vornehmes Landschloss: Kadyny. Es erstrahlt heute wieder wie zu Zeiten Kaiser Wilhelms II., der das Anwesen 1901 zur Sommerresidenz ausbauen ließ. In den umgebauten ehemaligen Wirtschaftsgebäuden der kaiserlichen Datscha residiert heute ein komfortables *Hotel (Country Club Kadyny | 33 Zi. | Tolkmicko | Tel. +48 55 3 21 61 20 | €€)* mit eigenem

ELBING UND FRISCHES HAFF

Pool und anderen Annehmlichkeiten sowie – in der restaurierten alten Destille des Schlosses – das Restaurant **INSIDER TIPP** *Stara Gorzelnia* (Tel. +48 55 2 31 62 00). Hier wird altpolnische Küche aufgetischt, aber auch Gerichte mit deutschem Einschlag.

Fast alles in Kadyny dreht sich ums Reiten: Das angeschlossene Gestüt mit seinen 170 Rassepferden zählt zu den besten Polens. Ältestes Wahrzeichen des Dorfes ist die tausendjährige Bażyński-Eiche, angeblich noch von der Pruzzenfürstin Cadina gepflanzt. Stammumfang: 10 m. Von der Eiche führt ein Wanderweg zum *Klosterberg (Klasztorna gora)*, wo Franziskanermönche seit einigen Jahren das alte Kloster wieder aufbauen. Archäologische Grabungen lassen vermuten, dass hier in grauer Vorzeit die pruzzische Burg der Cadinen-Fürsten stand.

MALBORK (MARIENBURG) ★ ●
(124 B–C4) (*L4*)

Machtvoll ragt die größte mittelalterliche Burganlage Europas am Ufer der Nogat auf, eine Ritterfestung wie aus dem Bilderbuch der Hochgotik. Zwei Jahrhunderte regierte der Deutsche Orden hier, die mächtigste der etwa 150 Burgen des Ordens galt als uneinnehmbar. Erst 1457 fiel sie der polnischen Krone in die Hände – kampflos. Die Mönchsritter, geschwächt und finanziell am Ende, konnten ihre Söldner nicht mehr bezahlen. Der Stern des Ordensstaates begann zu verlöschen.

Die Burg besteht aus drei Teilen: Vorburg, Mittel- und Hohes Schloss. Das *Mittelschloss (Zamek Średni)* birgt die Gemächer des Hochmeisterpalastes und den prächtigen *Großen Remter*. Ältester Teil der Marienburg ist das um 1280 erbaute *Hohe Schloss (Zamek Wysoki)*. In seinem reich ausgeschmückten *Kapitelsaal* tagte der Rat des Ordens, hier fielen Entscheidungen, die Städte wachsen und Länder

Ob Sommer oder Winter, die Orgel im Dom zu Frombork klingt fantatstisch

in Krieg versinken ließen. Ein architektonischer Schatz ist die *Goldene Pforte (Brama Złota)*, das spitzbogige Portal zur *Burgkirche St. Marien* (13. Jh.). Als krönender Abschluss des Besuchs empfiehlt sich ein Aufstieg auf den ✹ *Hauptturm*.

ELBLĄG (ELBING)

Die Marienburg wurde im Zweiten Weltkrieg größtenteils zerstört. Seit Jahrzehnten wird sie nun von polnischen Restauratoren originalgetreu wieder aufgebaut. Heute birgt die Burg historische Schätze von mittelalterlichen Ritterrüstungen bis zu einer sehenswerten *Bernsteinsammlung*. Ratsam ist die Teilnahme an einer Führung (auch auf Deutsch). Unvergesslich wird der Besuch der Burg, wenn Sie eine der INSIDERTIPP Nachtvorführungen (Son-et-lumière, swiatło i dzwięk | Mai–Sept. 21.30 Uhr | mind. 40 Teilnehmer) miterleben. Ein Spektakel, zu dem Tausende Besucher anreisen, ist das Ende Juli stattfindende Festival *Die Belagerung der Marienburg* mit Mittelalterjahrmarkt, Ritterspielen, Gauklertheater und viel Musik. *Burg: tgl. 8–20 Uhr, Museen: Di–So 9–17 Uhr | www.malbork.pl*

Komfortabel übernachten Sie im Schlosshotel *Zamek (42 Zi. | ul. Starościńska 14 | Tel. +48 55 2728400 | www.hotelzamek.e-tur.com.pl | €€€)*, und im Restaurant *Zamkowa (Tel. +48 55 2722738 | €€€)* speisen Sie im rustikalen Ambiente eines gotischen Spitals.

MIERZEJA WIŚLANA (FRISCHE NEHRUNG) ★ ●

(124–125 C–D3) (ΩΩ L–M3)

Wie eine Sichel verläuft die Landzunge in sanftem Schwung nach Nordosten, das Frische Haff von der Ostsee trennend: 70 km lang, aber nur zwischen 400 m und 2 km schmal *(www.mierzeja.pl)*.

In *Kąty Rybackie (Bodenwinkel | 30 km nördlich)*, einem seit 1640 bekannten Fischernest gleich zu Beginn der Nehrung, erzählt eine *Filiale des Danziger Meeresmuseums (Muzeum Zalewu Wiślanego | Mo-Fr. 10–16, Juli/August Mo-Sa 10–17 Uhr | ul. Rybacka 64 | www.cmm.pl)* die Geschichte des Frischen Haffs. Auch das einst so abgelegene Katy Rybacki hat sich in den letzten Jahren zu einem munteren Feriendorf gemausert, natürlich vor allem des schönen Nehrungsstrandes wegen. Im Sommer ist er längst nicht so überlaufen wie die Strände der pommerschen Urlauberhochburgen.

Touristisches Zentrum der Landzunge ist *Krynica Morska (Kahlberg, 1300 Ew.)*, im Sommer meist ausgebucht. Hier legen auf der Haffseite die Ausflugsschiffe aus Frombork und Elbląg an, vom 26 m ho-

NAHE FERNE OSTSEE

Das alte Elbing war als Schiffbaustadt berühmt, der Hafen der Hansestadt einer der wichtigsten Umschlagplätze an der Ostsee. Seit Kriegsende jedoch war die Stadt vom freien Zugang zum Meer getrennt. Der Grund: Die Öffnung des Frischen Haffs zur Ostsee liegt im Kaliningrader (Königsberger) Gebiet und ist Militärsperrgebiet, weil dort die russische Marine stationiert ist. Vereinbarungen, den Schiffsverkehr über die schwer bewachte Seegrenze zu liberalisieren, scheiterten immer wieder am schwierigen polnisch-russischen Verhältnis. Zuletzt sperrte sich Moskau, weil Polen der Stationierung amerikanischer Raketen zugestimmt hatte. Erst im Sommer 2010 einigten sich beide Länder darauf, das Haff zu öffnen. Elbing, das schon erwogen hatte, die Frische Nehrung mit einem Kanal zu durchstechen, ist nun wieder eine Hafenstadt und erhofft sich auch touristisch einen Aufschwung als Ziel deutscher Ostseesegler.

www.marcopolo.de/ostsee-polen

ELBING UND FRISCHES HAFF

hen Leuchtturm *(Latarnia)* fliegt der Blick über das Haff bis weit hinein nach Russland.

Hinter Krynica Morska wird es mit jedem Kilometer stiller. Viel weiter geht's ja nun auch nicht mehr, in *Piaski* ist Schluss. Hier, im östlichsten Winkel der polnischen Ostseeküste und nah am Niemandsland von EU und Russland, dürfen FKK-Fans am Strand sogar ihre Hüllen fallen lassen, allerdings nur in einem ausgeschilderten Bereich. Und auf russischer Seite? Findet sich Küsteneinsamkeit, soweit das Auge reicht. Der nördliche Teil gehört zur Marinestadt Baltijsk (Pillau) – und ist bis heute Sperrgebiet. Wer länger auf der Landnadel bleiben möchte: Zu empfehlen ist das *Hotel Kahlberg (20 Zi. | ul. Bosmańska 1 | Tel. +48 55 2 47 60 17 | www.kahlberg.mierzeja.pl | €–€€).* Die *Touristeninformation (Tel. +48 55 2476376 | www.krynicamorska.pl)* vermittelt auch Privatquartiere.

SZTUTOWO (STUTTHOFF)
(124 C3) (*M* L3)

Unfassbares Grauen trägt oft so harmlos klingende Namen. Einer von ihnen: Stutthof. In der Moorlandschaft am Frischen Haff *(Zalew Wislany)* zäunten die Nazis 1939, gleich nach dem Überfall auf Polen, 120 ha mit Stacheldraht ein: Bis Kriegsende ermordete die SS im Konzentrationslager Stutthof etwa 85 000 Menschen, die meisten von ih-

Der Fang wird gleich am Strand sortiert, damit der Fisch schnell auf die Teller kommt

nen waren jüdischen Frauen aus 28 Ländern Europas. Viele Tausend starben als Opfer medizinischer Experimente einen höllischen Tod. Von all dem berichtet die KZ-Gedenkstätte. Ein Teil des Lagers blieb erhalten, unter anderem Häftlingsbaracken, Gaskammer und Krematorium, das SS-Lager. Ein erschütternder Ort. *Mai–Sept. tgl. 8–18, Okt.–April 8–15 Uhr | Eintritt frei, um Spenden wird gebeten | Muzealna 6 | Kinder unter 13 Jahren haben keinen Zutritt | www.stutthof.pl*

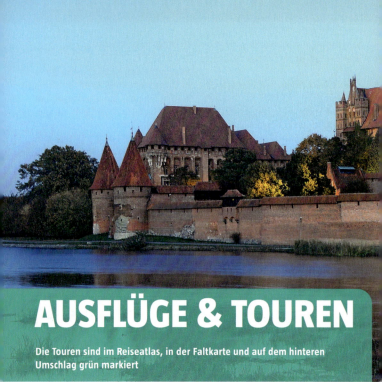

Bild: Marienburg in Malbork

AUSFLÜGE & TOUREN

Die Touren sind im Reiseatlas, in der Faltkarte und auf dem hinteren Umschlag grün markiert

1 UNTERWEGS IM ALTEN ORDENSLAND

Die Tour folgt östlich von Danzig den mittelalterlichen Spuren der Ordensritter und führt durch eine ebenso malerische wie geschichtsträchtige Landschaft. Das Frische Haff, an dem die Reise entlangführt, war jahrhundertelang Teil Ostpreußens. Burgen, Bernstein, Badeorte – und mittendrin ein finsterer Ort deutsch-polnischer Geschichte: die KZ-Gedenkstätte Stutthof. Für die 140-km-Tour sollten Sie zwei Tage einplanen.

Die Fahrt beginnt in Danzig, zweigt ein paar Kilometer südöstlich der Stadt von der A7/E77 (Richtung Elbląg) ab und verläuft nun zunächst im Mündungsdelta der Weichsel. Im Fischerdorf Świbno setzt eine alte Seilfähre über die Weichsel, ein originelles Erlebnis. Kurz darauf ist **Jantar** erreicht, der Name Ortes ist ein altes slawisches Wort für Bernstein. Ende August werden hier alljährlich die Weltmeisterschaften im Bernsteinfischen ausgetragen. Im benachbarten **Stegna (Steegen)**, der nächsten Station der Tour, ist die barock ausgestattete Fachwerkkirche aus dem 17. Jh. einen Stopp wert. Ganz nah von hier an der Küste liegt **Kąty Rybackie (Bodenwinkel)**, wegen seiner riesigen Kormoran- und Graureiherkolonie ein Mekka für Ornithologen.

Nach wenigen Kilometern erreichen Sie **Sztutowo (Stutthof)** → S. 87, einen beliebten Badeort, über dem ein finsterer Schatten lastet: das ehemalige Kon-

Mehr als Meer: eine Entdeckungstour längs der Küste, ins stille kaschubische Hinterland und in eine grandiose Dünenlandschaft

zentrationslager Stutthof. Bei Sztutowo beginnt die **Frische Nehrung** → S. 86, die Tour zweigt aber nach Süden ab und führt durch das melancholische, sanfte Wiesenland der Weichselniederung nach **Nowy Dwór Gdański (Tiegenhof)**. Dort lohnt sich ein Besuch des INSIDER TIPP *Werder-Museums (ul. Kopernika 17)*, das die außergewöhnliche, von holländischen Mennoniten geprägte Geschichte der Region im Weichseldelta lebendig hält. Nach Querung der A 7 naht nun **Malbork (Marienburg)** → S. 85.

Schon von weitem überragt der Turm der Marienburg das flache Land. Genießen Sie den Panoramablick vom gegenüberliegenden Ufer der Nogat aus.
Von Malbork geht es nun in Richtung **Elbląg (Elbing)** → S. 80, das nach 35 km erreicht ist und sich als Zwischenstopp empfiehlt. Auch das alte Elbing, als mittelalterliche Hansestadt dem mächtigen Danzig fast ebenbürtig, wuchs im Schutz einer Ritterburg, von der freilich nur noch Mauerreste blieben: zu besichtigen im Hof des **Elbląg-Museums** → S. 81. Ma-

chen Sie einen Bummel durch die wieder aufgebaute Altstadt. Reizvoll ist auch ein Schiffsausflug auf das *Frische Haff.*

Dem Haff nähert sich nun auch die Tour wieder. Die Straße in Richtung Tolkmicko führt durch eine anmutige, bewaldete Moränenlandschaft. Der Naturpark *Krajobrazowy Wzniesienie Elbląskie* ist ein beliebtes Wanderrevier, v. a. rings um das Dorf *Suchacz (Succase)* gibt es gute ausgeschilderte Wanderrouten. Ein Kleinod am Haff ist *Tolkmicko ((Tolkemit),* ein Fischerdorf mit 600-jähriger Geschichte: nicht nur des *Landschlosses Kadyny* → S. 84 wegen, sondern weil hier der Brauch der Holzschnitzerei fortlebt. Auch die traditionelle Keramik, einst berühmt als „Cadiner Majolika", ist wieder zu haben. Hinter Tolkmicko kommen Sie an die Hauptstrecke nach *Frombork (Frauenburg)* → S. 84, dem Ziel der Tour.

2 RUNDFAHRT DURCH DIE SCHWEIZ DER KASCHUBEN

Südwestlich von Danzig beginnt das Land der Kaschuben, eines slawischen Bauern- und Fischervölkchens, das sich durch die Jahrhunderte trotz aller Bedrängnis von deutscher wie von polnischer Seite mit seinen ureigenen Traditionen, seiner Kultur und Sprache behauptete. Die ca. 105 km lange Rundfahrt durch den schönsten Teil der Kaschubischen Schweiz ist an einem Tag zu schaffen, doch entspannter wird es, wenn Sie sich zwei Tage Zeit lassen. Erst recht, sollten Sie unterwegs eine Radtour, eine Bootsfahrt oder eine Wanderung unternehmen wollen, das malerische Moränenland mit seinen mehr als 30 Seen lädt vielerorts dazu ein.

Schon wenn Sie Danzig auf der kurvenreichen Straße 7/211 in Richtung Osten verlassen, wird klar, wohin die Reise geht: bergauf in die Kaschubische Schweiz, auf Polnisch *Szwajcaria Kaszubska.* Ein erster Zwischenstopp lohnt sich in *Żukowo (Zuckau).* Hier steht ein altes Prämostratenserinnenkloster, die reich ausgestattete Klosterkirche bewahrt einige der filigranen Stickarbeiten, für die die stillen Nonnen einst bekannt waren. Das alte Zuckau gilt als Wiege der kaschubischen Sticktradition. Ein weiterer Schatz der Kirche krönt den Altar: ein gotisches Triptychon, es stammt aus Antwerpen.

Keine 12 km weiter ist *Kartuzy (Karthaus)* erreicht, die heimliche Hauptstadt der Kaschubischen Schweiz. Strenggläubige Mönche des Kartäuserordens, aus Prag eingewandert, gründeten den Ort im 14. Jh. Die ausgeprägte Jenseitsbezogenheit der Kartäuser sieht man ihrer düsteren *Klosterkirche (Kolegiata Kartuska | ul. Klasztorna 5)* noch heute an: Das Dach zitiert die Form eines Sarges. Achten Sie im Inneren auf die Wände des Altarraums, die Tapeten sind aus Leder.

Ein bisschen mehr Zeit nehmen sollten Sie sich in Kartuzy auch für das *Ethnografische Museum (Muzeum Kaszubskiego | Mai–Sept. Di–Sa 9–16 Uhr, So bis 14 Uhr, Okt.–April Di–So 9–14 Uhr | ul. Kościerska 1 | www.muzeum-kaszubskie.gda.pl).* Sie erfahren viel über die Traditionen der Kaschuben, ihr Kunsthandwerk, die berühmten Stickereien, aber auch über Kurioses wie Teufelsgeigen und Vogelscheuchen. Und zumindest ein Credo des lebenslustigen Volkes wird Ihnen im Gedächtnis bleiben: „Ein Mann, der nicht trinkt, nicht raucht und keinen Tabak schnupft, ist gewiss einen Dreck wert."

Von Kartuzy geht es nun auf der Straße 166 nach *Chmielno (Chmelno).* Hier beginnt der wohl schönste Teil des „Blauen Ländchens", wie die gewässerreiche Kaschubische Schweiz einst auch genannt wurde. Eingebettet zwischen drei Seen, ist das Dorf ein Zentrum des Wasser-

AUSFLÜGE & TOUREN

tourismus, man kann hier Kanus, Boote, aber auch Fahrräder ausleihen, z.B. beim **Campingplatz Tamowa** *(2 km westl. am Jezioro Klodno | www.tamowa.pl).* Bekannt ist Chmielno aber auch für seine Keramiktradition. Bei der Töpferfamilie Necel, die hier in zehnter Generation die typische Keramik mit der blauen Blume herstellt, können Sie das kaschubische Geschirr in einem kleinen **Werkstattmuseum → S. 57** anschauen und natürlich auch etwas kaufen

Auf der „kaschubischen Straße" geht es nun in Richtung Süden – etwa 20 km kurvige Burg- und Talfahrt mitten durch den **Kaszubskie Park Krajobrazowy**, den **Kaschubischen Landschaftspark**. Auf einer der Höhen, dem **Goldenen Berg (Złota Gora),** haben Sie vom Rastplatz aus einen wunderbaren Blick auf den Brodno-See *(Jezioro Wielkie Brodno)*, der kurz darauf in **Brodnica Dole (Nieder Brodnitz)** erreicht ist. Hier und ein paar Kilometer weiter in **Ostrzyce (Oitritz)** am Ostrich-See *(Jezioro Ostrzyckie)* gibt es kleine Badestellen und die Möglichkeit ein Ruderboot für eine entspannte Stunde auf dem Wasser auszuleihen. Von Ostrzyce sind es noch 3 km bis **Wieżyca (Turmberg).** Hier geht es so hoch hinaus wie nirgendwo weit und breit: Etwa 200 m weit führt ein Wanderpfad von der Straße hinauf zum (ausgeschilderten) **Turmberg (Góra Wieżyca)** Mit 329 m ist er immerhin der höchste Berg im Norden Polens.

Weiter geht's, und zwar nach **Szymbark (Schönberg)** auf der Straße 20 zunächst in Richtung Kościerzyna und dann kurz darauf rechts ab zum **INSIDER TIPP Centrum Edukacji i Promocji Regionu** *(April–Okt. tgl. 10–19, Nov.–März 10–17 Uhr | ul. Szymarkskich Zakładników 12 | www.cepr.pl)* zu deutsch „Regionales Bildungs- und Förderzentrum". Der örtliche Sägewerksbesitzer hat hier eine skurrile Welt geschaffen: Vom längsten aus einem Brett gebauten Tisch (vom Guinessbuch bestätigte 36,85 m) bis zu einem auf dem Kopf stehenden Haus

Hoppla, ein Erdbeben? Keineswegs, die Welt steht gewollt Kopf im Freilichtmuseum Szymbark

reicht die Ausstellung des Freilichtmuseums. Im Waldhain dahinter steht eine sowjetische Häftlingsbaracke aus Irkutsk neben einer katholischen Kapelle, dazwischen kann man kaschubische Souvenirs kaufen. Kaschubien kann so schön schräg sein! Auf der Landesstraße 20 sind Sie von Szymbark aus in einer Stunde wieder in Danzig.

3 WÜSTENWANDERN AN DER OSTSEE

Mit seinen Wanderdünen, Lagunenseen und moorigen Urwäldern zählt der 186 km² große Slowinzische Nationalpark *(Słowiński Park Narodowy | Mai–Sept. Kasse 7–21 Uhr | Eintritt 4 Zł.)* zu den eigentümlichsten Küstenlandschaften der Ostsee. Die „Polnische Sahara" erlebt man am intensivsten auf einer Wanderung, die sich je nach Lust, Laune und Kondition zu einer mehrtägigen Exkursion ausweiten lässt. Der Strand liegt immer nahe, also Badesachen nicht vergessen! Für die längere Tour sollten Sie im Sommer auch eine gut gefüllte Wasserflasche im Gepäck haben. Die kurze Tour ist etwa 14, die große Runde gut 30 km lang.

Bester Ausgangsort für die Tour ist **Łeba (Leba).** Von dort aus geht es zunächst in das Dorf **Rąbka (Bad Rabka)** *(2 km westlich)*, dem offiziellen Eingang zum Nationalpark. Von der **ul. Nadmorska** aus fahren im Sommer den ganzen Tag über Busse und Elektromobile dorthin, es gibt einen bewachten Parkplatz und nebenan legen Ausflugsschiffe zu Rundfahrten auf dem **Łeba-See (Jezioro Łebsko)** ab, eine verlandete Meeresbucht, mit 70 km² Wasserfläche Polens drittgrößter See.

Im Park selbst können Sie sich ein Fahrrad ausleihen oder sich die 5,5 km bis fast zum Fuß der **Lonsker Düne** mit der Pferdekutsche oder einem der kleinen Elektrowagen fahren lassen. Doch um dieses Naturwunder mit allen Sinnen zu erleben, sind Sie am am besten zu Fuß unterwegs. Auf der Hälfte des Weges kommen Sie an einer ehemaligen Raketenabschussrampe vorbei, die

Und nach der Wanderung ein bisschen Seewind um die Nase: Ausflugsschiff auf dem Leba--See

AUSFLÜGE & TOUREN

Wehrmacht testete hier 1943/44 ihre „Wunderwaffen". Die Reste der Anlage sind heute **Museum** *(Mai–Sept. tgl. 10–18 Uhr)*. Die Betonstraße endet hier, der Weg führt nun durch lichten Küstenwald, der immer mehr in den Sand versinkt. Im Lauf der Jahrhunderte verschütteten die Dünen Hunderte Hektar Wald, dem Flugsand war nichts gewachsen. Noch immer „wandern" die Riesen um bis zu 8 m pro Jahr. Der Aufstieg auf die fast 50 m hohe ☼ **Łącka-Düne (Łącka Góra)** ist im knöcheltiefen Sand eine ziemlich anstrengende Angelegenheit, oben aber belohnt ein grandioses Panorama die Mühe: Weit fliegt der Blick über diese vom Wind immer wieder neu geformte Welt aus Sand, endlose Riffelmuster der Dünenhänge schimmern je nach Lichteinfall in immer neuen Tönen, gerahmt vom Blau der Ostsee. Binnenseits schimmert der Jezioro Łebsko. Vom Dünenkamm führt ein ausgeschilderter Weg wieder zurück nach Łeba.

Wer den Nationalpark in seiner ganzen Größe und Schönheit erleben möchte und sich die große Runde zutraut, wählt an der Wegkreuzung die rot ausgeschilderte Route in Richtung Rowy (Rowe)/Smołdzino (Schmolsin). Nun wird es still. Die Touristenkarawane, die im Sommer zum Saharablick hinaufstapft, bleibt zurück, der Weg zieht sich wie aus der Zeit gefallen 8 km zwischen Düneneinsamkeit, Wald und Küste entlang. Kurz vor dem Dörfchen **Czołpino (Scholpin)** kommt der gleichnamige ☼ **Leuchtturm (Latarnia)** in Sicht: Das 1875 erbaute Seezeichen steht auf einer hohen Düne, so dass Sie nach dem Aufstieg aus über 80 m Höhe auf das Meer schauen – ein spektakulärer Blick ins Blaue! Nun haben Sie es nicht mehr weit bis in das alte Slowinzendorf **Smołdzino (Schmolsin)**. Legen Sie eine Pause auf der Terrasse des Restaurants von Familie Bernacki ein, hier können Sie auch schön übernachten *(Gościniec u Bernackich | ul. Bohaterów Warszawy 17/26 | Tel. +48 59 8 11 73 64 | www.ubernackich.pl | €€)*. Im Ort hat die Nationalpark-Verwaltung ihren Sitz, das angeschlossene **Naturkundemuseum** *(Muzeum Przyrodnycze | Mai–Sept. tgl. 9–17, Okt.–April Mo–Fr 8–15 Uhr | ul. Mostnika | www.slowinskipn.pl)* ist sehr sehenswert.

Von Smołdzino könnte man die Wanderung am nächsten Tag auf der roten Route bis Rowy fortsetzen – aber das wären noch einmal 38 km. Stattdessen wandern Sie auf dem gelb markierten Weg weiter nach **Kluki (Klucken)**. In dem Dörfchen, etwa 3 km entfernt, hält ein tolles **Freilichtmseum** *(Skansen Słowiński | Mai–Aug. Di–So 10–18, Sept.–April 9–15 Uhr | www.muzeumkluki.pl)* die Erinnerung an die slowinzische Kultur wach: Sie sollten das Ensemble restaurierter Bauernhäuser, Katen und Scheunen unbedingt besuchen. Im Sommer wird hier an den Wochenenden mal Brot gebacken, mal wird ein folkloristisches Fest gefeiert. Schön sind die üppig blühenden Bauerngärten. Auf dem **INSIDER TIPP** *Dorffriedhof* stehen noch die Grabkreuze alter slowinzischer Familien.

Von Kluki gibt es im Sommer einen bequemen Rückweg – mit dem Schiff über den Leba-See nach **Rąbka**. Nach dem Fahrplan sollte man sich aber vorher am Parkeingang oder im Museum erkundigen. Der „gelbe" Wanderweg führt von Kluki weiter am von urigen Moorwäldern gesäumten Südufer des Leba-Sees entlang über **Izbica (Giesebitz)**, **Gać (Gatz)** und das ursprünglich gebliebene Bauerndörfchen **INSIDER TIPP** *Żarnowska* zurück nach Łeba. Wem die Socken immer noch nicht qualmen: Im Park gibt es mehrere Naturlehrpfade zu floristischen Reservaten. Es lohnt sich, am Eingang eine detaillierte Karte des Parks zu kaufen.

SPORT & AKTIVITÄTEN

Die Angebote für einen Aktivurlaub haben sich in den letzten Jahren erheblich verbessert. Wer seine Ferien nicht nur am Strand in der Sonne liegend verbringen will, kann Segeltörns buchen, surfen, tauchen, Forellen angeln oder im Kanu die Seenplatte entlangpaddeln. Wanderwege laden ein, die Nebenstraßen eignen sich gut zum Radwandern. Touristenbüros geben Routentipps heraus, denn der Outdoor-Tourismus boomt auch in Polen.

ANGELN

Angler finden an der Küste, in den Flüssen und in den Gewässern der pommerschen und kaschubischen Seenplatte viele kleine Paradiese, etwa 70 Fischarten leben in den Salz- und Süßwasserrevieren. Die Flüsse Parsęta und Wieprza sind für ihre reichen Bestände an Forellen berühmt. Selbst Lachse werden in den sauberen Flüssen und ihren Mündungen zwischen Ustka und Kołobrzeg wieder gefangen. In der Weichsel leben riesige, bis zu 60 kg schwere Welse.

Die Angelsaison geht in Polen vom 1. April bis zum 31. Dezember, von Juni bis Oktober darf auch von einem (dafür zugelassenen und registrierten) Boot aus geangelt werden – allerdings nur tagsüber. Nachtangeln ist in Polen nur mit einer besonderen Genehmigung erlaubt. Lokale Reviertipps gibt es beim Nationalen Anglerverband *PZW (ul. Twarda 42 | Warszawa | Tel. +48 22 6 20 89 66 | www.pzw.pl)*. Dort können Sie auch eine

Bild: Surfer vor der Halbinsel Hel

Raus aufs Wasser, aufs Meer, auf Flüsse und Seen – oder raus in die Natur: Outdoor heißt das Zauberwort für einen aktiven Urlaub

Angellizenz *(zezwolenie wędkarskie)* zu Preisen von umgerechnet 20 bis 60 Euro kaufen, die in Polen Pflicht ist. Die Lizenz gibt es auch in manchen Touristenbüros, Fischereibetrieben, Angelgeschäften, auf Campingplätzen und in größeren Hotels oder beim Hafenmeister.

GOLF

Die Golfparks an der polnischen Ostseeküste zählen zu den besten des ganzen Landes. In den Klubs wird in angeschlossenen Akademien auch Unterricht angeboten, für Anfänger gibt es Übungsbereiche, Practice Bunker und Driving Ranges. Anspruchsvolle 18-Loch-Parcours inklusive Driving Range bieten der *Amber Baltic Golf Club* (*ul. Baltycka 13 | Kolczewo/Wolin | Tel. +48 91 3 26 51 10 | www.abgc.pl*) auf der Insel Wolin und der *Golfclub Binowo* (*Tel. +48 91 4 04 15 33 | www.binowopark.pl*) in Stare Czarnowo, 20 km südwestlich von Stettin. Bei Danzig gelten der *Gdansk Golf & Country Club* (*Postolowo | Tel. +48 58 6 83 71 00 |*

www.golf.com.pl) und der landschaftlich schön gelegene *Sierra Golf Club (Petkowice/Wejherowo | Tel. +48 58 778 49 00 | www.sierragolf.pl*) als derzeitiges Maß der Dinge. Mehr zu Golf in Polen: *www.tokarygolf.pl* und *www.golfparkgdynia.pl*

KANU & KAJAK

Reizvolle, auch für Ungeübte machbare Kanustrecken bietet die Küstenregion auf den Flüssen im Hinterland. Beliebt bei Paddlern sind die kaschubische Radunia, die Drawa und Parsęta. Auch die Seen laden mit wundervollen geschützten Revieren zum Kajakwandern ein – traumhaft schön ist der Drawsko-See in der Pommerschen Seenplatte. Boote ausleihen können Sie von Mai bis September in vielen *PTTK-Stationen (www.pttk.pl)*, die Touristikgesellschaft bietet auch organisierte Kajaktouren an und betreibt unterwegs kleine Biwakplätze. Tipp: die mehrtägige Tour auf der Słupia (*www.slupia.info*). Routenvorschläge hat der *Polnische Kanutenverband (Polski Związek Kajakowy | ul. Erazma Ciołka 17 | Warszawa | www.kajaki.pl)*.

RADFAHREN

Der internationale Radweg R 10 führt von Swinemünde bis Kaschubien über fast 500 km längs der polnischen Küste und durch das Binnenland. Der Radtourismus wird in Polen immer beliebter, ein Radwegenetz wächst allerdings erst. Regional verlaufen ausgewiesene Radrouten oft auf vielbefahrenen Straßen, das ist kein Vergnügen und auch nicht ungefährlich. Umso schöner radelt es sich auf den Nebenstrecken, so **INSIDER TIPP** am Słowiński-Nationalpark entlang von Smołdzino nach Łeba (30 km) oder die 62-km-Tour von Biały Bór über Grzmiaca nach Połczyn Zdrój und von dort weiter auf dem Damm einer stillgelegten Bahnstrecke nach Złocieniec. Einen wunderbaren Radweg gibt es auf der Halbinsel Hel zwischen Władysławowo und Hel. Einige Anbieter organisieren inzwischen geführte Fahrradreisen durch das nördliche Polen, zum Beispiel die Danziger Reisebüros *Ata (www.atatravel.com.pl)* und *Aktivtours (www.aktivtours.pl)*. Fahrräder ausleihen können Sie aber auch in jedem größeren Ferienort.

REITEN

In Polen gibt es etwa 1000 Gestüte und Reiterhöfe, das Land ist berühmt für seine Pferdezucht. Ferien im Sattel können Sie im Gestüt Kadyny am Frischen Haff buchen. Der *Reiterhof in Białogóra (Stadnina Koni Białogóra | Tel. +48 58 738 39 69)* an der kaschubischen Küste veranstaltet Ausritte entlang des Strandes. Im *Gestüt Biały Bór (ul. Kolejowa 2 | Biały Bór | Tel. +48 94 373 90 46)* südöstlich von Koszalin, eines der besten Hengstdepots Polens, findet im November die traditionelle Hubertusjagd statt. Weitere Infos beim *Polnischen Reiterverband (Polski Związek Jeździecki | ul. Cegłowska 68/70 | Warszawa | Tel. +48 22 8 34 73 21 | www.pzj.pl)*

SEGELN & SURFEN

Segeln hat an der polnischen Küste den Rang eines Nationalsports, v. a. in Danzig. Törngerecht bieten etwa 20 Häfen Liegeplätze für Yachten, von simplen Anlegern bis zu topmodernen Steganlagen wie die Altstadt-Marina in Danzig. Hier können Sie Boote chartern, auch tageweise. Voraussetzung ist ein internationaler Sportbootführerschein. Die polnische Küste, ungeschützt gegen Nordwestwind, ist nichts für Anfänger. *Polnischer Seglerverband | ul. Chokimska*

SPORT & AKTIVITÄTEN

14 | Warszawa | Tel. +48 22 8 48 04 83 | www.pya.org.pl
Voll im Trend liegen Wind- und Kitesurfing, Polens Küste ist innerhalb weniger Jahre in die Topliga der Ostsee-Surfspots aufgestiegen. Die Szene trifft sich v. a. in Dębki und auf Hel. Dort gibt es etliche Surfclubs und -schulen (auch Verleih von Boards). *www.takeoff.pl*

zu den Wracks in der Ostsee veranstaltet das *Centrum Nurkowania Ticada (ul. Chwaszyńska 70 | Gdynia | Tel. +48 58 6 29 48 46 | www.ticada.pl).*

WANDERN

Wandern ist in Polen ein Volkssport. Entsprechend gut ist auch das Angebot

Polen ist Pferdeland: Dutzende Gestüte laden zu Ausritten ein

TAUCHEN

Vor der Küste Polens liegen mehr als 100 Schiffswracks auf dem Grund der Ostsee – die ältesten seit dem 16. Jh. Sie ziehen Sporttaucher magisch an. Für Anfänger geeigneter sind die klaren kaschubischen Eiszeitseen. Es gibt im Land etwa 250 Clubs und Tauchschulen, in denen man seinen Urlaub auch mit dem Erwerb eines internationalen Tauchscheins (CMAS) verbinden kann. Detailliert informiert der Taucherverband *KDP (ul. Senatorska 11 | Warszawa | Tel. +48 22 8 26 35 74 | www.kdp-pttk.org.pl).* Kurse und Tauchgänge

an ausgewiesenen Routen. Nicht nur, dass der Europäische Fernwanderweg E9 auf einer Länge von 537 km an der Küste entlangführt. Mit besonders reizvollen Wanderrouten warten auch die Nationalparks Woliński und Słowiński auf. Alle Wanderwege sind mit einem weiß-blau-weiß gestreiften Viereck markiert.
Die Tourismusinfos und die Büros der *Gesellschaft für Touristik und Heimatkunde PTTK (ul. Senatorska 11 | Warszawa | Tel. +48 22 8 26 22 51 | www.pttk.pl)* bieten gute Wanderkarten *(mapa turystyczna)* und Routentipps.

MIT KINDERN UNTERWEGS

Die Ostseeküste ist Polens beliebtestes Familienferienziel. Und das hat einen ganz einfachen Grund: Die Seebäder zwischen Stettiner Haff und Frischer Nehrung verwandeln sich im Sommer in Kinderparadiese.

Wo Wasser ist, gibt es für den Nachwuchs immer wieder Neues zu entdecken. Zum Beispiel in Sachern Bernstein: Die Suche nach dem Gold der Ostsee verspricht v. a. östlich von Danzig gute Funde. Oder wie wäre es mit einer Fahrt im Ausflugsdampfer? Von Kołobrzeg aus fahren sogar Wikingerboote – und wer nicht bloß mitfahren will, geht im Kanu auf Flüssen und Seen auf Entdeckungsreise. Auf wissbegierige Kids warten interaktive Museen, alte Segelschiffe oder die Robbenforschungsstation auf der Halbinsel Hel.

DANZIG UND UMGEBUNG

AQUAPARK SOPOT WODNY
(124 A2) (*M K3*)

Mit insgesamt 70 Attraktionen von Wasserfällen, Kaskaden, Rutschen und Wildwasserfluss bis zum angeblich „größten Whirlpool Polens" bietet der Aquapark in Sopot jede Menge Wasserspaß. Außerdem gibt es einen großen Nichtschwimmerbereich und ein Außenschwimmbecken, das selbst im Winter geöffnet ist. Wer es richtig heiß mag: Die Saunawelt hält neun verschiedene Saunen bereit. Außerdem: Bowlingbahn, Restaurant und Café. *Tgl. 8–22 Uhr | ul. Zamkowa Góra 3 | Eintritt Erw. 24 Zł./Std., Kinder (bis 16 Jahre) 18 Zł./Std. | www.aquaparksopot.pl*

Bild: Kanufahrt auf der Piaśnica

Ob Aquapark oder Kanutour, wo Wasser ist, wartet das Abenteuer. Aber auch Wisente oder Robben verzaubern wissbegierige Kids

CENTRUM HEWELIANUM GDAŃSK
(U B2) (󰀀 b2)

In dieser Erlebniswelt der physikalisch-technischen Experimente und kosmischen Wunder verbringen viele Danziger Familien ganze Tage! Das Centrum Hewelianum zählt zu den neuen großen Attraktionen in der Metropole. Auf drei Etagen gibt es Ausstellungen und viele Stationen zum Ausprobieren manches physikalischen Phänomens. Nebenbei erfährt man viel über Johannes Hewelius, Danzigs genialen Astronomen, Reisenden, Maler, Erfinder von Navigationsgeräten und – Bierbrauer. *Sept.–Juni Di–Fr 8.30–15.30, Sa/So 10–16, Juli–Aug. Di–So 10–17 Uhr | 3 Maja 9a | Eintritt 7 Zł., Kinder 5 Zł. | Tel. +48 58 3 00 08 42 | www.hewelianum.pl*

MUSEUMSSCHIFF DAR POMORZA
(124 A2) (󰀀 K2)

Für Museen sind Kinder selten zu begeistern, doch wie wäre es mit einem Museumsschiff? Noch dazu ein echter Großsegler oder Windjammer. In Gdynia

hohen Masten und dem mächtigen Doppelsteuerrad fordert zum Entdecken geradezu auf. An Bord sieht es immer noch aus, als wolle das Schiff gleich ablegen, und alles kann besichtigt werden – sogar die Kapitänskajüte. *Di–So 10–16 Uhr | al. Zjednoczenia (Südmole) | Eintritt Erw. 6 Zł., Kinder 4 Zł.*

ZOOLOGISCHER GARTEN DANZIGOGRÓD ZOOLOGICZNY GDAŃSKA (124 A3) (*K3*)

Pinguine, Nilpferde, Mähnenwölfe – all diese Tiere gibt es im größten und schönsten Zoo des Landes in Danzig. Er liegt ein bisschen außerhalb, idyllisch eingepasst in den Naturpark Trójmiejski in Oliwa, und ist mit seinen 136 ha so groß, dass man sich fast darin verlaufen kann. Aber keine Gefahr, die 1218 Tiere (220 Arten) sind ja zum Glück alle in ihren Gehegen – jedenfalls fast alle. Denn es gibt auch einen Streichelzoo. *Mo–Fr 9–17, Sa/So 9–18 Uhr | ul. Karwieska 3 | Erw. 8 Zł., Kinder 4 Zł. | Tel. +48 58 5 52 17 51 | www.zoo.gd.pl*

KOLBERG BIS RÜGENWALDE

SPASSBÄDER

Das Wetter kann auch im Sommer ganz schön uncool sein an der Ostsee. In Darlowko **(121 F1)** (*E3*) gibt's für solche Tage ein cooles Schwimmbad *(Park Wodny Jan | ul. Polnocna 11 | Tel. +48 94 3 14 49 10 | www.parkwodny.net)* mit Riesenrutschen und Sprungbecken. Auch in Kołobrzeg **(121 D2)** (*D3*) müssen Kinder und Familien bei Regenzeit auf ihren Badespaß nicht verzichten. *Morska Odyseja (ul. Rodziewidczowny 1 | Tel. +48 94 3 55 34 42 | www.subaltyk.decom.com.pl)*, der öffentliche Aquapark des Hotel Baltyk, hat künstliche Wasserfälle und einen schönen Whirlpool – da kann die Ostsee nicht mithalten.

Aktiv Danzig erkunden – abenteuerlich und ganz kindgerecht

liegt die seit 1979 ausgemusterte Dar Pomorza an der Pier, das einstige Segelschulschiff der polnischen Hochschule für Nautik: Das 1909 in Hamburg gebaute, 91 m lange Vollschiff mit seinen drei 41 m

MIT KINDERN UNTERWEGS

STETTIN UND WOLLIN

SCHMALSPURBAHN
REWALKOLEJKA WĄSKOTOROWA
(120 C3) (*M C4*)

Eine Kleinbahn, gezogen von einer schnaufenden Dampflok, kennen viele Kinder nur aus Büchern. Zwischen Pogorzelica, Niechorze, Trzęsacz und dem Seebad Rewal an der pommerschen Küste verkehrt im Sommer so ein Unikum, „Chiuchia" genannt. Es ist das letzte Teilstück eines Kleinbahnnetzes, das vor dem Krieg mehr als 500 km lang war. *Die Bäderbahn fährt im Sommer (Juni–Sept.) fünfmal täglich (aktueller Fahrplan: www. schmalspurbahn-in-polen.de)*.

Besonders lohnend ist ein Ausflug mit der kleinen Bahn bis in das idyllische *Gryfice (Greifenberg)* 18 km südlich von Trzebiatów. Dort gibt es im *Pommerschen Schmalspurbahnmuseum (Muzeum Kolei Wąskotorowej | Di–So 10–18 Uhr | Eintritt Erw. 4 Zł., Kinder 2 Zł.)* noch eine ganze Schar der kleinen historischen Loks zu bestaunen.

WISENTGEHEGE WOLIN
POKAZY ŻUBRÓW ● (120 A3) (*M A4*)

Sie sind echte Urzeitriesen, mit zotteligem Fell, bulligen Schädeln und sanft blinzelnden braunen Augen: Wisente, die größten Wildrinder der Welt, Verwandte des amerikanischen Bisons. In einem großen Freilandgehege im Nationalpark auf der Insel Wollin kann man die buckligen Büffel heute wieder frei beobachten, am besten zur Fütterungszeit. Sie wurden hier in der Küstenwildnis in tiefen Buchenwäldern künstlich angesiedelt, denn der Mensch hatte sie bis zu Beginn des 20. Jhs. rücksichtslos ausgerottet. Heute leben in Polen wieder rund 3000 Wisente, im Wolin-Reservat sind ca. 60 Exemplare. *Mai–Okt. Di–So 10–18 Uhr | Tel. +48 91 3 28 07 37*

STOLP UND KASCHUBIEN

INSIDER TIPP ROBBENKINDERGARTEN
HELFOKARIUM HEL ● (124 B2) (*M K2*)

Es ist gar nicht so lange her, da lebten an der Ostseeküste noch viele Kegelrobben, doch das Zusammenspiel von hemmungsloser Jagd, der Verschmutzung des Meerwassers und des starken Schiffsverkehrs haben die Seehunde fast ausgerottet. Die Meeresbiologen der Universität Danzig betreiben auf der Halbinsel Hel eine Forschungsstation, um den Bestand der Robben wieder aufzubauen. Hier werden verwaiste Jungrobben aufgezogen und später kontrolliert wieder freigelassen. Man kann den munteren Tieren beim Spielen und bei der Fütterung zusehen. *Tgl. 9–20 Uhr | ul. Morska 2 | Tel. +48 58 6 75 08 36 | www.ug.edu.pl*

ELBING UND FRISCHES HAFF

FOUCAULTSCHES PENDEL FROMBORK
● (125 D3) (*M M3*)

Woran merkt man eigentlich, dass sich die Erde dreht? Ein Physiker namens Leon Foucault hatte im 19. Jh. eine Idee: Er band eine Eisenkugel an ein 67 m langes Seil, hängte es so in einem Kirchturm auf, dass die Kugel knapp über dem Boden schwebte, versetzte sie in Schwingungen und beobachtete 24 Stunden lang die Bewegung des Pendels. Daraus ließ sich tatsächlich erkennen, dass die Erde sich dreht.

Auf der Domburg in Frombork, wo im 16. Jh. der Astronom Kopernikus lebte, hängt so ein berühmtes Foucaultsches Pendel. Es ist spannend zu beobachten, wie sich die Pendelbewegungen verändern. Besonders, weil es einem von den Museumsmitarbeitern gut erklärt wird. Planetarium im Turm. *Mai–Sept. tgl. 9–16 Uhr*

EVENTS, FESTE & MEHR

Neptun und seinem Gefolge werden Sie im Sommerurlaub an der polnischen Küste möglicherweise des öfteren begegnen. Denn Meeres- und Strandfeste haben alle Seebäder von Świnoujście bis Kołobrzeg im Veranstaltungskalender. Die meisten Veranstaltungen finden Anfang Juli statt und ziehen Jahr für Jahr ein großes Publikum an.

Ein alter Brauch, eigentlich aus heidnischer Tradition kommend, erfreut sich auch im katholischen Polen bis heute großer Beliebtheit: das Johannisfest zur Sommersonnenwende (vom 23. auf den 24. Juni). Schöne Volksfeste verstehen v.a. die traditionsbewussten Kaschuben zu feiern. Tradition haben in Polen Musikfestivals, die Spanne reicht von Klassik über Jazz bis hin zu Rock *(z. B. www.rockinszczecin.pl)* oder Techno und Trance wie auf dem Sunrise Festival in Kołobrzeg *(www.sunrisefestival.pl)*.

FEIERTAGE

1. Jan. *Neujahr;* **Ostermontag;** **1. Mai** *Tag der Arbeit;* **3. Mai** *Jahrestag der Verfassung von 1791;* **Fronleichnam;** **15. Aug.** *Mariä Himmelfahrt;* **1. Nov.** *Allerheiligen;* **11. Nov.** *Jahrestag der Unabhängigkeit 1918;* **25./26. Dez.** *Weihnachten*

FESTE & VERANSTALTUNGEN

APRIL/MAI

▶ **Stettiner Theatertage:** in der Woche nach Ostern im Klub 13 *(www.klub13muz.pl)*
▶ **Stadtfest von Koszalin:** Ausstellungen, Konzerte und Jahrmarkt (in der letzten Maiwoche)

JUNI

▶ **Johannisfest (in vielen Küstenorten):** In der Nacht vom 23. auf den 24. Juni legt man mit brennenden Kerzen verzierte Blumenkränze in Flüsse und Meer.
▶ **INSIDER TIPP** *Kaschubische Wallfahrt der Fischer*: Auf der Halbinsel Hel pilgern die Fischer mit ihren Booten am Tag der Apostel Petrus und Paulus nach Puck
▶ **Internationales Festival der Orgel- und Kammermusik in Kamień Pomorski:** Konzerte im Dom
▶ **Internationales Chorfestival in Międzyzdroje:** eines der bedeutendsten Chortreffen in Polen
▶ **Ostseetage in Świnoujście:** maritimes Festival mit Ausstellungen und Konzerten
▶ **Festspiele Alter Musik auf der Marienburg:** Konzertzyklus polnischer und internationaler Stars

ICH WAR SCHON DA!

Drei User aus der MARCO POLO Community verraten ihre Lieblingsplätze und ihre schönsten Erlebnisse

ATRIUM HOTEL

Eling ist ein wunderschöner Ort, um Ausflüge zu machen, vor allem per Schiff. Ein guter Ausgangspunkt für eine solche Schifffahrt war das Atrium Hotel (Mostowa 13, Elblag, Tel. +48 55 2 33 33 66, www.atriumhotel.pl), in dem wir eine Woche untergebracht waren. Es befindet sich am Oberländischen Kanal, ca. 200 m von der Anlegestelle und dem Ticketbüro der Schifffahrtsgesellschaft entfernt. Das Hotel war wirklich sehr gepflegt, die Bilder auf der Homepage entsprechen der Realität. Der Chef des Hotels war sehr nett und spricht gut deutsch, so dass die Kommunikation kein Problem war. **Faszination aus Adelsheim**

ZU DEN ZWEI SCHWÄNEN

Das charmante Restaurant Zu den zwei Schwänen befindet sich direkt am Marktplatz und am Rathaus von Kolberg. Die polnischen Speisen sind sehr lecker, das Angebot recht umfangreich. Wir saßen auf der schönen Außenterrasse mitten in der Altstadt, in dieser idyllischen Lage schmeckte uns das Essen gleich doppelt so lecker. **MoniqueB aus Remchingen**

GRZYBOWO

Der ruhige Ort Grzybowo ist etwa 5 km von Kolberg entfernt und meiner Meinung nach sehr gut für Familienurlaube geeignet. Hier gibt es für kleine Wasserratten nämlich einen breiten, feinsandigen Strand mit meterlangem, flachen Wasser. Und: Das Wasser ist um einige Grad Celsius wärmer als in Kolberg. **HelmutB aus Pirmasens**

Haben auch Sie etwas Besonderes erlebt oder einen Lieblingsplatz gefunden, den nicht jeder kennt? Gehen Sie einfach auf www.marcopolo.de/mein-tipp

Strandfest und Jazz, Wikinger und Fischerwallfahrt, Ritterfest und Dominikanermarkt – Polens Ostseeküste lockt nicht nur zum Baden

JULI

▶ *Wikingerfest in Wollin:* Am Monatsanfang startet das Heidenspektakel für Fans des Nordmännermythos mit Zeltlager, Schwertkämpfen, Kunsthandwerk

▶ INSIDER TIPP *Ritterfest auf der Marienburg*: Mit spektakulärem Turniergetöse wird die Belagerung der Burg nachgespielt

▶ *Fischerfest in Jastarnia und Chałupy:* sehenswerte Regatta historischer Segel- und Fischerboote

▶ *Musica Sacra in Oliwa:* Internationales Festival der Chor-, Kammer- und Orgelmusik in der Kathedrale

▶ *Orgeltage in Elbląg und Frombork*

▶ *Fama, das Festival der Studentenkunst in Świnoujście:* Straßentheater und Konzerte

▶ *Greifenmarkt in Słupsk:* Immer sonntags bieten Bauern, Künstler und Handwerker vor dem Schloss ihre Waren feil (bis August)

▶ *Interfolk in Kołobrzeg:* Folklore und Konzerte aus aller Welt. Das Fest beginnt mit einer großen Straßenparade und endet mit der „Nacht der Volkskunst".

AUGUST

▶ *Dominikanermarkt in Danzig:* In den ersten beiden Augustwochen verwandelt sich die Stadt in einen großen Jahrmarkt für Antiquarisches, Kunst und Trödel.

▶ *Sopot-Festival:* Internationaler Schlagerwettbewerb auf der Waldoper Sopot (Zoppot), die Jazzszene feiert alternativ an der Seebrücke.

SEPTEMBER

▶ *Internationale Shakespeare-Tage im Danziger Wybrzeże-Theater:* Schauspieltruppen aus vielen Ländern Europas treffen sich zu Aufführungen

▶ *Wettbewerb der polnischen Klaviermusik in Słupsk*

▶ *Zisterziensermarkt* in Pelplin

▶ *Filmfestival in Gdynia:* Wettbewerb um die besten polnischen Filme des Jahres *(www.festiwalfilmow.pl)*

LINKS, BLOGS, APPS & MORE

LINKS

▶ www.polen-urlaub-ostsee.de Praktische Tipps und Informationen zu den beliebtesten Urlaubsorten der polnischen Küste, das Portal bietet auch eine Vermittlung von Unterkünften an

▶ www.kolberg-cafe.de Nützliche und persönliche Informationen rund um Kołobrzeg, die Ferienhauptstadt an der polnischen Ostseeküste – von „Ausgehen und Shoppen" bis „Schippern und Angeln"

▶ guide.trojmiasto.pl Alles Sehenswerte in der Dreistadt in der großen Übersicht. Wirklich praktisch ist die Karte mit den schönsten Badestränden.

▶ short.travel/polo1 Aufschwung Ost: Stettin und der deutsch-polnische Grenzverkehr

▶ www.fotocommunity.de/Fotografie-Fotos-Bilder/danzig.html Eine tolle Auswahl stimmungsvoller, ungewöhnlicher Danzig-Fotos – auch abseits der Touristenpfade

▶ www.das-polen-magazin.de/das-literarische-danzig Nicht nur Günter Grass hat seine Heimatstadt literarisch verewigt, auch polnische Autoren zieht Gdansk in seinen Bann, wie Brigitte Jäger-Dabek in ihrem Beitrag beschreibt

▶ short.travel/polo2 Wie funktioniert es, das Zusammenspiel von Kliffen und Nehrungen an der Ostseeküste? Informativer geologischer Exkurs

▶ www.marcopolo.de/ostsee-polen Alles auf einen Blick zu Ihrem Reiseziel: Interaktive Karten inklusive Planungsfunktion, Impressionen aus der Community, aktuelle News und Angebote …

BLOGS

▶ www.polnischeostseekueste.de Im Weblog des Kolberger Touristikbüros Travelnetto gibt's gute Hotel- und Gastronomie-Tipps, nicht nur für Kołobrzeg

EIGENE NOTIZEN

Café / Bar / Mon Balzac
Super Frühstück und Lunch.
Suppen, Baguettes, Kuchen
sehr günstig und schön in der
Altstadt gelegen.
ul. Piwna 36/39

★ Highlights

Der fast leere, sehr feine Sandstrand
an der glasklaren Ostsee hinter
Krynica Morska

Die Straßenmusiker in der Frauengasse (ulica Mariacka)

7 Bunkier
Olejarna 3

A new and huge spot on the cultural map of the city. By day a pub serving meals, by night a club playing an eclectic variety of music. Four thoughtfully designed floors of an old bunker offer a tempting choice of themed and chillout rooms.

Egal, ob Sie sich auf Ihre Reise vorbereiten oder vor Ort sind: Mit diesen Adressen finden Sie noch mehr Informationen, Videos und Netzwerke, die Ihren Urlaub bereichern. Da manche Adressen extrem lang sind, führt Sie der kürzere short.travel-Code direkt auf die beschriebenen Websites

▶ ibloggdansk.blogspot.com Agata (Übersetzerin und Fotografin) und Natalia (Journalistin) erzählen in ihrem (englischen) iBlog „ganz und gar Subjektives aus ... hmm... Gdansk". Wo sich was anzugucken, etwas zu essen oder wenigstens zu probieren, einzukaufen und abends auszugehen lohnt: Die beiden Danzigerinnen haben da ihren ganz eigenen, aber sehr kreativen Geschmack!

▶ short.travel/polo3 Alexander Kempf, Korrespondent der Märkischen Oderzeitung, über sein Leben in Stettin. Das Blog endet zwar 2011, bietet aber trotzdem interessante Einblicke

▶ short.travel/polo4 Einmal an der polnischen Ostseeküste entlang: zu Fuß, per Fahrrad, im Hausboot. Ein informativer Film mit bestechenden Bildern von WDR-Redakteurin Andrea Grießmann

▶ short.travel/polo5 Abenteuerurlaub zum Nachmachen: die polnische Küste per Fahrrad bereist, und das ziemlich querfeldein

▶ short.travel/polo6 – mare TV stellt die Halbinsel Hel und ihre Menschen vor

VIDEOS

▶ Gdansk Street Map Der detaillierte und schnelle Danzig-Stadtplan von Dubbele mit Straßenverzeichnis, vor der Reise auf das Smartphone geladen, spart Roaming-Kosten. Man bewegt sich mit der mobilen Streetmap im Offline-Status durch die Stadt. Nur für Android

▶ MyTaxiControl Die iPhone, iPad- und Android-App kontrolliert die Fahrtroute des Taxis und errechnet den korrekten Preis. Erhältlich für Danzig

APPS

▶ www.twitter.com/#!/GdanskIYP Das bewährte In Your Pocket Guideformat twittert jeden Tag aktuelle Danzig-Tipps

▶ www.couchsurfing.org/gdansk Indivualreisende und Backpacker lernen über das Netzwerk auch an der polnischen Ostseeküste gastfreundliche Insider kennen. Zum Beispiel in Danzig, Kolberg oder Stettin

NETWORK

Für den Inhalt der auf diesen Seiten genannten Adressen übernimmt der Verlag keine Verantwortung

PRAKTISCHE HINWEISE

ANREISE

Das Tor zur Polnischen Ostseeküste ist Stettin, erreichbar von Berlin auf der A11 (150 km). Grenzübergang ist Pomellen/Kołbaskowo, alternativ Linken/Lubieszyn (B 104) oder Schwedt/Krajnik Dolny. Der Grenzübergang Ahlbeck/Świnoujście auf Usedom ist ausschließlich für Fußgänger und Radfahrer frei. In Polen führt die vierspurige Schnellstraße A6/E28 durch das Hinterland von Stettin über Słupsk und Koszalin nach Danzig. Sie ist allerdings meist stark befahren (v. a. viele LKWs), wesentlich entspannter fährt es sich entsprechend auf den Nebenstrecken.

Von Berlin fahren mehrmals täglich Züge nach Stettin und ein Nachtzug nach Danzig (ab Berlin-Lichtenberg, ca. 10 Std.), für Fahrten nach Polen gibt es spezielle Spartickets. Von Stettin aus gehen täglich bis zu sechs direkte Zugverbindungen an die Küste, die auch durch große Städte führen, etwa Kołobrzeg, Słupsk und Koszalin. Da viele Züge oft halten, kommt man mit der Bahn über längere Strecken nicht besonders schnell voran, dafür erheblich günstiger als etwa in Deutschland. Für eine einfache Zugfahrt von Stettin nach Danzig zahlt man umgerechnet knapp 20 Euro. In vielen Zügen kann man auch sein Fahrrad mitnehmen (50 Prozent Aufschlag), die Fernzüge haben meist Gepäckwagen, am besten vorher erkundigen. In der Sommersaison sind die Züge an der Küste oft sehr voll. Ein Ticket 1. Klasse kostet 50 Prozent extra, dafür gibt's fast immer noch Sitzplätze in den Abteilen. *Auskunft: (*) Tel. 118 61 (25 Cent/Min.) | www.bahn.de*

GRÜN & FAIR REISEN

Auf Reisen können auch Sie mit einfachen Mitteln viel bewirken. Behalten Sie nicht nur die CO_2-Bilanz für Hin- und Rückflug im Hinterkopf *(www.atmosfair.de)*, sondern achten und schützen Sie auch nachhaltig Natur und Kultur im Reiseland *(www.gate-tourismus.de; www.zukunft-reisen.de; www.ecotrans.de)*. Gerade als Tourist ist es wichtig, auf Aspekte zu achten wie Naturschutz *(www.nabu.de; www.wwf.de)*, regionale Produkte, Fahrradfahren (statt Autofahren), Wassersparen und vieles mehr. Wenn Sie mehr über ökologischen Tourismus erfahren wollen: europaweit *www.oete.de*; weltweit *www.germanwatch.org*

Aus mehr als 30 deutschen Großstädten fahren täglich Linienbusse nach Polen. Linien aus Norddeutschland (Hamburg, Hannover, Kiel) führen zunächst nach Stettin und von dort aus weiter an der Küste entlang bis Danzig. Von Süddeutschland aus verlaufen die Touren nach Polen durch das Landesinnere, z. B. über Wałcz nach Danzig oder Koszalin. Fahrzeiten/-preise (hin und zurück): Hamburg nach Danzig 80 Euro (12 Std. je Strecke), München–Danzig 110 Euro (20 Std.). Das beste Liniennetz betreibt die Deutsche Touring (Eurolines), ein Zusammenschluss mehrerer Anbieter *(Tel. 069 7 90 35 01 | www.touring.de)*.

Direktflüge nach Danzig bieten Lufthansa *(ab Frankfurt, Hamburg*

Von Anreise bis Zoll

Urlaub von Anfang bis Ende: die wichtigsten Adressen und Informationen für Ihre Reise an die Polnische Ostseeküste

und München | www.lufthansa.com) und die polnische Fluggesellschaft LOT *(ab Hamburg, Frankfurt und München)*. Man kann alternativ auch mit LOT nach Warschau fliegen und von dort mit guten Anschlussverbindungen weiter nach Danzig und Stettin reisen *((*) Tel. 01803 00 03 36 (9 Cent/Min.) | www.lot.com)*.

Auch die Billigflieger haben Danzig im Programm, aktuell bedienen Ryanair *(www.ryanair.com)*, Germanwings *(www.germanwings.com)*, Wizzair *(www.wizzair.com)* und Air Berlin *(www.airberlin.com)* die Linie von deutschen Flughäfen aus. Aktuelle Flugpläne auf den Website der Airlines.

Der Danziger Flughafen Lech Wałęsa liegt etwa 20 km nordwestlich der Stadt bei Rebiechowo. Ins Stadtzentrum – mit Halt am Hauptbahnhof (und umgekehrt von dort zum Airport) – fahren die Buslinien 110 und 210 B, nachts die Linie N3. Mit dem Taxi kostet die Fahrt umgerechnet etwa 14 Euro, den Preis sollten Sie gegebenenfalls vorher verhandeln, um Überraschungen zu vermeiden: Gerade auf der Flughafenstrecke versuchen mitunter Taxifahrer mit Touristen ein Geschäft zu machen.

AUSKUNFT

POLNISCHES FREMDENVERKEHRSAMT
Kurfürstendamm 71 | 10709 Berlin | Tel. 030 2 10 09 20 | Mo–Fr 9–16 Uhr | www.polen.travel/de

POLNISCHES FREMDENVERKEHRSAMT ÖSTERREICH/SCHWEIZ
Lerchenfelder Str. 2 | 1080 Wien | Tel. 01 5 24 71 91 | Mo–Fr 9–15 Uhr

AUTO

Höchstgeschwindigkeit: 60 km/h in Ortschaften, 90 km/h auf Landstraßen, 110 km/h auf Autobahnen. Radarkontrollen sind Usus: In fast jedem größeren Dorf steht mittlerweile ein fester Blitzer, auf den meist mit einem Schild *(Kontrola radarowa)* hingewiesen wird. Auch wenn die meisten „Starenkästen" nur Attrappen sind – darauf verlassen sollte man sich keinesfalls. Temposünder werden hart bestraft, besonders innerorts (Strafe bis zu 125 Euro). Teuer wird auch Falschparken (20–40 Euro) und Alkohol am Steuer (Promillegrenze 0,2). Wichtig bei Polizeikontrollen: Motor aus, Hände aufs Lenkrad und im Auto sitzen bleiben. In Polen muss tagsüber mit Abblendlicht gefahren werden. Handybenutzung am Steuer ist verboten (außer mit Freisprechanlage). Warnwestenpflicht besteht bislang noch nicht. Die Fernstraßen sind in gutem Zustand, Vorsicht ist

WAS KOSTET WIE VIEL?

Tee	50 Cent	*für ein Glas*
Bier	80 Cent	*für ein Glas an der Bar*
Eintritt	1,50–2 Euro	*für eine Museumskarte*
Benzin	1,10 Euro	*für 1 l Super bleifrei*
Fahrrad	2,50–5 Euro	*Miete für 1 Stunde*
Bus	2,50 Euro	*für 50 km Busfahrt*

auf Nebenstrecken geboten. Tankstellen gibt es in jedem größeren Ort, an Fernstraßen, oft mit Shop und Restaurant und rund um die Uhr geöffnet. Bleifreies Benzin: ein durchgestrichenes Pb, Diesel: On, Flüssiggas: LPG-Gaz.

Steuert der Halter eines Kfz nicht selbst das Fahrzeug oder fährt darin als Passagier mit, benötigt der Fahrer des Fahrzeugs unbedingt eine Bescheinigung, in der der Halter dem Fahrer die Erlaubnis erteilt, das Fahrzeug zu nutzen und damit nach Polen zu reisen. Werden Sie als Fahrer am Steuer eines nicht in Polen zugelassenen Kfz ohne eine solche Bescheinigung angetroffen, droht eine Geldbuße. Das Muster für die Bescheinigung finden Sie auf der Homepage der polnischen Botschaft Berlin *(www.berlin.polemb.net)* bei den Konsular- und Rechtsinformationen.

BANKEN & KREDITKARTEN

Die meisten Banken akzeptieren alle gängigen Kredit-/EC-Karten. Geldautomaten *(Bankomat)* finden Sie in jeder Stadt, Wechselstuben *(Kantor)* in großen Tankstellen, Hotels, Bankfilialen. Banken haben in der Regel *Mo–Fr 8–18, Sa 8–14* Uhr geöffnet.

DIPLOMATISCHE VERTRETUNGEN

DEUTSCHES GENERALKONSULAT
al. Zwycięstwa 23 | 80219 Gdańsk | Tel. +48 58 3 41 43 66

ÖSTERREICHISCHE BOTSCHAFT
ul. Gagarina 34 | 00955 Warszawa | Tel. +48 22 3 41 00 81

BOTSCHAFT DER SCHWEIZ
l. Ujazdowskie 27 | 00540 Warszawa | Tel. +48 22 6 28 04 81

EINREISE

Es genügt der Personalausweis oder der Reisepass. Nur wenn Sie länger als 90 Tage im Halbjahr in Polen bleiben wollen, ist eine behördliche Aufenthaltsgenehmigung notwendig.

EINTRITTSPREISE

Museen sind in Polen immer noch sehr günstig. Die Eintrittspreise liegen in der Regel zwischen 5 und 10 Złoty, nur für international bedeutsame Häuser (z. B. Nationalmuseum Danzig) bis 15 Złoty.

GESUNDHEIT

Es gelten die Bedingungen wie für alle EU-Länder. Arztkosten werden von den Krankenkassen zu den Sätzen des Heimatlands zurückerstattet. Da dies nicht für alle Kosten gilt (z. B. Krankenrücktransport), ist der Abschluss einer Reisekrankenversicherung ratsam. Erste Hilfe *(Tel. Notruf: 999)* ist kostenlos. Wenn Sie Wanderungen planen, empfiehlt sich eine Zeckenschutzimpfung (FSME).

Die Europäische Gesundheitskarte EHIC wird anerkannt. Bei Zahnschmerzen sollten Sie eine private Zahnklinik aufsuchen *(Dentyta/Stomatolog)*. Diese Leistungen müssen Sie zwar bezahlen, aber polnische Zahnärzte sind vergleichsweise günstig – bei Topleistungen. In vielen Fällen erstattet die Krankenkasse bei Vorlage der Quittung die Kosten oder einen Teil davon. Eine renommierte Zahnklinik in Danzig mit deutschsprachigem Service ist die *Klinika Stomatologiczna Marcinkowskiego (Fieldorfa 17 | Tel. +48 58 3 02 98 34)*.

In den Apotheken *(apteka)* kann man alle gängigen Medikamente kaufen, in den meisten Fällen rezeptfrei und oft erheblich günstiger als in Deutschland. Geöffnet haben polnische Apotheken meist von 10 bis

PRAKTISCHE HINWEISE

19 Uhr, ein Hinweis auf die diensthabende Not- und Nachtapotheke hängt i.d.R. am Eingang geschlossener Apotheken aus. Seit einige deutsche Krankenkassen auch Kuren und Therapien in Polen anerkennen, haben sich Gesundheitshotels und Sanatorien z.B. in Swinemünde, Kołobrzeg und Międzyzdroje darauf spezialisiert.

INTERNET

Fast alle Städte und Seebäder haben Websites eingerichtet, die meisten mit deutscher Version. Nützliche Internetseiten sind: *www.ostsee-urlaub-polen.de* (Infos von Stettin bis Kaschubien/deutsch); *www.frischeshaff.de* (informative Seite rund um das Zalew Wiślany von Elbląg bis Braniewo); *www.hotelspoland.com* (Hotelbuchungen/deutsch); *www.infolinia.pl* (allg. Infos, Veranstaltungen, Wetter/engl.)

MIETWAGEN

Große Verleiher (Avis, Hertz) finden Sie an den Flughäfen. Auch in den großen Hotels und über einige Reisebüros kann man Mietwagen ordern. Preise etwa wie in Deutschland, Tagespreis (unbegrenzte Kilometerzahl) zwischen 80 (Opel Corsa) und 200 Euro (VW Passat). Günstiger sind mitunter die örtlichen Anbieter (z.B. Exel in Danzig, *www.exel.gda.pl*).

NOTRUFE

Polizei 997 | Feuerwehr 998 | Rettungsdienst (Ambulanz) 999 | Pannenhilfe 981 | ADAC 22 6 22 20 60

ÖFFENTLICHE VERKEHRSMITTEL

Gut ausgebaut ist das Netz der Buslinien. Tickets *(bilet)* kauft man im Busbahnhof oder beim Fahrer. Das Schienennetz ist sternartig angelegt, mit Warschau als Mittelpunkt. Eine Hauptstrecke der Staatsbahn *(www.pkp.pl)* verläuft parallel zur Küstenstraße von Stettin über Kołobrzeg, Koszalin, Słupsk und Lębork nach Danzig, über Anschlussstrecken erreichbar sind auch Kamień Pomorski, die Küstenorte Ustka, Łeba und die Halbinsel Hel. Eine Schnellbahn verbindet die Dreistadt: Danzig, Gdynia und Sopot. Kartenverkauf: an allen Bahnhöfen oder in den Orbis-Reisebüros. Expresszüge

WÄHRUNGSRECHNER

€	Złoty	Złoty	€
1	4,15	1	0,25
3	12,47	5	1,26
5	20,79	20	5,04
7	29,11	30	7,56
12	49,91	70	17,56
25	103,98	150	37,82
70	291,16	250	63,04
90	374,35	700	176,52
150	623,92	900	226,95

(ekspres) sind reservierungspflichtig, Eil- *(pośpieszny)* und Nahverkehrszüge *(normalny, osobowy)* nicht.

ÖFFNUNGSZEITEN

In Polen gibt es kein Ladenschlussgesetz, daher öffnen große Einkaufszentren auch an Wochenenden, einige sogar rund um die Uhr. Im Allgemeinen haben Supermärkte *Mo–Fr 7–21, Sa 8–14 Uhr,* andere Geschäfte und Kaufhäuser *11–18 (19) Uhr* geöffnet. Banken und Behörden: Kernzeiten *8–17 Uhr.* Die meisten Restaurants haben täglich geöffnet. In den touristisch orientierten Badeorten schließen außerhalb der Saison allerdings viele Häuser ganz oder tageweise.

POST

Standardbrief und Postkarte nach Deutschland kosten jeweils 2,20 Złoty Porto und sind etwa drei Tage unterwegs, im Sommer kann es mitunter eine Woche dauern. Briefmarken gibt es auch an vielen Zeitungskiosken. Post in die roten Briefkästen einwerfen, die grünen sind für regionale Sendungen.

PREISE & WÄHRUNG

Die polnische Währung, der *Złoty (1 Złoty = 100 Groszy)*, ist frei konvertierbar. Die Grundnahrungsmittel sind immer noch deutlich günstiger als in Westeuropa, Importwaren kosten indes oft genauso viel, zum Teil sogar mehr.

REISEZEIT & KLIMA

Polens Ostseeküste liegt noch im Bereich der atlantischen Klimaküche mit gemäßigt milden, aber auch unbeständigen Wetterlagen, die östlichen Regionen v. a. im Binnenland befinden sich schon im Einfluss des Kontinentalklimas, das für heiße Sommer und bitterkalte Winter sorgen kann. Sonnenreich und im Jahresdurchschnitt sehr mild ist das Wetter auf der Halbinsel Hel. Die schönste Reisezeit liegt zwischen Mai und Oktober. Am wärmsten ist es im Juli/August, die Ostsee erreicht dann in geschützten Lagen Temperaturen von über 20 Grad. Im Hochsommer brauen sich am Frischen Haff oft kräftige Gewitter zusammen.

SICHERHEIT

Die vielen Horrorgeschichten über hohe Kriminalität sind stark übertrieben, Polen zählt durchaus zu den sicheren Reiseländern. Touristenzentren wie Danzig ziehen allerdings auch Diebe und Betrüger an. Beachten Sie die allgemeinen Vorsichtsregeln, dann ist Ärger mit Kleinkriminalität vermeidbar. Autos sollten Sie immer nur auf bewachten Parkplätzen abstellen.

STROM

220 Volt Wechselstrom, Adapter nicht nötig, die Stecker passen.

TAXI

Taxis sind in Polen ein vergleichsweise günstiges Beförderungsmittel. Achten Sie aber auf eingeschaltete Taxameter und offen angezeigte Tarife und Zeitzonen. Bei längeren Fahrten ist es empfehlenswert, den Preis vorher auszuhandeln. Zwischen 23 und 5 Uhr wird ein Nachtzuschlag erhoben. Seriös und zu empfehlen: *Radio Taxi | Tel. 919*

TELEFON & HANDY

Vorwahl nach Deutschland: *0049,* Österreich *0043,* in die Schweiz *0041*. Vorwahl nach Polen: *0048,* danach Ortsvorwahl ohne Null.
Wenn man in Polen vom Handy ins Festnetz telefonieren will, entfällt die Null der Vorwahl. Mit einem deutschen Handy zuerst die Ländervorwahl, dann die Ortsvorwahl ohne Null, dann die siebenstellige Rufnummer wählen. Roaminggebühren beachten! Die Ortsnetzzahl (dreistellig) muss auch bei Ortsgesprächen mitgewählt werden, zusätzlich zu der siebenstelligen Rufnummer. Polnische Mobilfunknummern beginnen meist mit 05, 06 oder 09.

TOILETTEN

Toiletten *(toaleta, WC)* sind mit einem Kreis (Damen) bzw. mit einem Dreieck (Männer) gekennzeichnet.

PRAKTISCHE HINWEISE

WLAN

WLAN findet man am ehesten in den Städten, in Danzig ist die City mit Hotspots dicht bestückt. Sehr viele Hotels bieten ihren Gästen kostenlosen Internetzugang über das hauseigene Netz an, ebenso etliche Restaurants und Cafés in den Tourismuszentren sowie große Tankstellen an den Fernstraßen. Man kann sich auch eine aufladbare polnische Prepaid-Card kaufen (in Supermärkten, Handyläden und Tankstellen).

ZEIT

In Polen gilt die Mitteleuropäische Zeit, die Sommerzeit dauert wie in den meisten EU-Ländern von Ende März bis Ende Oktober.

ZOLL

In Polen gelten die Regeln des europäischen Binnenmarktes. Waren des persönlichen Bedarfs dürfen frei ein- und ausgeführt werden. Limits gibt's bei Alkohol und Zigaretten: 90 l Wein, 10 l hochprozentige Spirituosen, 800 Zigaretten. Sollten Sie nach einem Ausflug in die russische Exklave Kaliningrad wieder nach Polen einreisen, gelten Sonderregeln für Alkohol, Tabakwaren und Benzin, hier sind z. B nur zwei Schachteln (!) Zigaretten pro Person erlaubt, der polnische Zoll kontrolliert streng! *www.zoll.de*.

WETTER IN GDYNIA

	Jan.	Feb.	März	April	Mai	Juni	Juli	Aug.	Sept.	Okt.	Nov.	Dez.
Tagestemperaturen in °C	1	2	5	10	15	19	22	21	18	12	7	3
Nachttemperaturen in °C	−3	−3	−1	3	7	11	14	14	11	7	2	−1
Sonnenschein Stunden/Tag	1	2	4	5	7	9	7	7	5	3	1	1
Niederschlag Tage/Monat	9	8	7	8	8	8	10	11	9	9	9	9
Wassertemperaturen in °C	1	1	2	5	10	15	17	18	16	12	7	3

SPRACHFÜHRER POLNISCH

AUSSPRACHE

Im Polnischen werden Sätze oft in Abhängigkeit vom Geschlecht des Sprechers/der Sprecherin bzw. des/der Angesprochenen gebildet. In diesem Sprachführer gibt es daher in einigen Fällen zwei Varianten. Die jeweils erste ist die männliche, die zweite die weibliche Form.

AUF EINEN BLICK

ja/nein/vielleicht	tak (tak)/nie (njä)/może (moschä)
Bitte./Danke.	Proszę. (Proschän)/Dziękuję. (Dschänkujä)
Entschuldigung!	Przepraszam! (Pschäprascham)
Darf ich …?	Czy mogę …? (Tschi mogä…?)
Wie bitte?	Słucham? (Suucham?)
Ich möchte …/Haben Sie …?	Chciałbym/Chciałabym …/Czy ma pan/pani …? (Chtschaubim/chtschauabim …/Tschi ma pan/panji …?)
Wie viel kostet …?	Ile kosztuje …? (Ilä to koschtujä …?)
Das gefällt mir (nicht).	To mi się (nie) podoba. (To mi schän (njä) podobba)
gut/schlecht	dobrze/źle (dobschhe/schle)
kaputt/funktioniert nicht	rozbity/nie działa (rosbiti/njä dsiaua)
zu viel/viel/wenig	za dużo/dużo/mało (sa duscho/duscho/mawo)
alles/nichts	wszystko/nic (wschistko/niez)
Hilfe!/Achtung!/Vorsicht!	Ratunku!/Uwaga!/Ostrożnie! (Ratunnku!/Uwaga!/Ostroschnijä!)
Krankenwagen	karetka pogotowia (karätka pogotowija)
Polizei/Feuerwehr	policja/straż pożarna (policija/strasch poscharna)
Gefahr/gefährlich	niebezpieczeństwo/niebezpieczny (njäbjespietschenstwo/njäbjespietschni)

BEGRÜSSUNG UND ABSCHIED

Guten Morgen!/Tag!	Dzień dobry! (Dsijänj dobbri!)
Gute(n) Abend!/Nacht!	Dobry wieczór!/Dobranoc! (Dobbri wätschur!/Dobbranottz!)
Hallo!/Auf Wiedersehen!	Witam!/Do widzenia! (Witam!/Do widsenija!)
Tschüss!	Cześć! (Tschesch!)
Ich heiße …	Nazywam się … (Nasiwam schän …)
Wie heißen Sie?	Jak pan/pani się nazywa? (Jak pan/panji schän nasiwa?)

Czy mówisz po polsku?

„Sprichst du Polnisch?" Dieser Sprachführer hilft Ihnen, die wichtigsten Wörter und Sätze auf Polnisch zu sagen

Wie heißt Du?	Jak się nazywasz? (Jak schän nasiwasch?)
Ich komme aus ...	Pochodzę z ... (Pochodsän s ...)

DATUMS- UND ZEITANGABEN

Montag/Dienstag	poniedziałek/wtorek (ponjädsiawek/wtorrek)
Mittwoch/Donnerstag	środa/czwartek (schrodda/tschwartekk)
Freitag/Samstag	piątek/sobota (pijontekk/sobotta)
Sonntag/Werktag	niedziela/dzień roboczy (nijädsijäla/dsijänj robottschi)
Feiertag	dzień świąteczny (dsijänj swijontätschni)
heute/morgen/gestern	dziś/jutro/wczoraj (dsisj/jutro/wtschorai)
Stunde/Minute	godzina/minuta (goddsina/minuta)
Tag/Nacht/Woche	dzień/noc/tydzień (dsijänj/notts/tidsijänj)
Wie viel Uhr ist es?	Która godzina? (Ktura goddsina?)

UNTERWEGS

offen/geschlossen	otwarte/zamknięte (ottwarte/sammknijänte)
Eingang/Ausgang	wejście/wyjście (wejsjijä/wijsjijä)
Abfahrt/Ankunft	odjazd/przyjazd (oddjasd/pschijasd)
Toiletten/Damen/Herren	toaleta damska/toaleta męska (toaletta damska/mijänska)
(kein) Trinkwasser	Woda nie zdatna do picia/Woda pitna (Woda sdatna do pidija/Woda pitna)
Wo ist ...?/Wo sind ...?	Gdzie jest ...?/Gdzie są ...? (Gdsiä jäst ...?/Gdsiä song ...?)
links/rechts	na lewo/na prawo (na läwo/naprawo)
geradeaus/zurück	prosto/spowrotem (prossto/spawrottem)
nah/weit	blisko/daleko (blisko/daläko)
Bus/Straßenbahn	autobus/tramwaj (autobus/tramwaij)
U-Bahn/Taxi	metro/taxi (metro/taxi)
Stadtplan/(Land-)Karte	mapa miasta/mapa (mapa mijasta/mapa)
Bahnhof/	dworzec/lotnisko (dwaschez/lottnissko)
Fahrplan/Fahrschein	rozkład jazdy/bilet (roskwad jasdi/biljet)
Zug/Gleis	pociąg/tor (potschong/tor)
Bahnsteig	peron (päron)
Ich möchte ... mieten.	Chciałbym/Chciałabym wynająć ... (Chtschaubim/Chtschauabim winajonz ...)
ein Auto/ein Fahrrad	samochód/rower (sammachod/rower)
Tankstelle	stacja benzynowa (stazja besinowa)
Benzin/Diesel	benzyna/ropy (bensina/roppi)
Panne/(Auto-)Werkstatt	awaria/warsztat (awarija/warschtatt)

ESSEN UND TRINKEN

Reservieren Sie uns bitte für heute Abend einen Tisch für vier Personen.	Proszę zarezerwować dla nas na dziś wieczór jeden stolik dla czterech osób. (Proschän saräsärwowwatsch dla nas na dsisch wjätschur stollik na tschtäri ossobbi)
Die Speisekarte, bitte.	Czy mogę prosić kartę? (tschi moschä prossiz kartän?)
Könnte ich bitte … haben?	Chciałbym/chciałabym …? (Chtschaubim/Chtschauabim?)
Vegetarier(in)/Allergie	wegetarianin/wegetarianka/alergia (wegetarijanin/wegetarijanka/allergija)
Ich möchte zahlen, bitte.	Proszę o rachunek! (Proschän o rachunek!)

EINKAUFEN

Wo finde ich …?	Przepraszam, gdzie jest …? (Pschäprascham, gsiä jäst …?)
Ich möchte …/Ich suche …	Chciałbym/Chciałabym … (Chtschaubim/Chtschauabim …)
Apotheke/Drogerie	apteka/drogeria (apptjäka/drogerija)
Einkaufszentrum	centrum handlowe (zentrum handlowä)
Kiosk	kiosk (kiosk)
teuer/billig/Preis	drogo/tanio/cena (droga/tannio/zjäna)
mehr/weniger	więcej/mniej (wijänzej/mnijänj)
aus biologischem Anbau	produkt ekologiczny (praduckt äkologitschni)

ÜBERNACHTEN

Ich habe ein Zimmer reserviert.	Zarezerwowałem/zarezerwowałam pokój. (Saräsärwowwawem/Ssaräsärwowwawam pockuj)
Haben Sie noch …?	Czy ma pan/pani jeszcze …? (Tschi ma pan/panji jäschtschä …?)
Einzelzimmer	pokój jednoosobowy (pockuj jädnoossobbowi)
Doppelzimmer	pokój dwuosobowy (pockuj dwuossobbowi)
mit Frühstück/ Halbpension	ze śniadaniem/ze śniadaniem i kolacją (sä schnjadanjäm/sä schnjadanjäm i kolladzjon)
Vollpension	z pełnym wyżywieniem (s peunim wisiwijäniäm)
nach vorne	od frontu (odd frontu)
Dusche/Bad	prysznic/łazienka (prischnjiz/uasiänka)
Balkon/Terrasse	balkon/taras (balkon/taras)
Schlüssel/Zimmerkarte	klucz/karta (klutsch/karta)
Gepäck/Koffer/Tasche	bagaż/walizka/torba (bagasch/waliska/torba)

BANKEN UND GELD

Bank/Geldautomat	bank/bankomat (bank/bankomat)
Geheimzahl	kod PIN (kod PIN)

SPRACHFÜHRER

Ich möchte ... Euro wechseln.	Chciałbym/Chciałabym wymienić ... Euro. (Chtschauibm/Chtschauabim wimänjitsch ... Euro)
bar/ec-Karte/Kreditkarte	gotówka/karta płatnicza/karta kredytowa (gatuwka/karta puatnitscha/karta kreditowwa)
Banknote/Münze	banknot/moneta (banknot/moneta)

GESUNDHEIT

Arzt/Zahnarzt/Kinderarzt	lekarz/dentysta/pediatra (läkasch/dentista/pädiatra)
Krankenhaus/Notfallpraxis	szpital/pogotowie (schpital/pogotowwijä)
Fieber/Schmerzen	gorączka/ból (gorontschka/bul)
Durchfall/Übelkeit	rozwolnienie/nudności (roswolniäniä/nudnusjzi)
Schmerzmittel/Tablette	środek przeciwbólowy/tabletka (sroddeck pschäziwbulowi/tablättka)

TELEKOMMUNIKATION & MEDIEN

Briefmarke/Brief	znaczek pocztowy/list (snatschek potschtowi/list)
Postkarte	pocztówka (potschtuwka)
Ich brauche eine Telefonkarte fürs Festnetz.	Potrzebna mi karta telefoniczna do telefonu domowego. (Potschebna mi karta telefonitschna do telefonu domowjägo)
Ich suche eine Prepaidkarte für mein Handy.	Szukam karty startowej do telefonu komórkowego. (schukam karti startowej do telefonu komurkowägo)
Wo finde ich einen Internetzugang?	Gdzie znajdę dojście do internetu? (Gdsä snajdjän dojsjijä do internetu?)
Steckdose/Ladegerät	kontakt/ładowarka (kontakt/uadowarka)
Computer/Batterie	computer/bateria (komputer/baterija)
Internetanschluss/WLAN	dojście do internetu (dojsjiä do internetu)/bezprzewodowy dostęp do internetu (bjespschäwodowi dostän do internätu)

ZAHLEN

0	zero (säro)	10	dziesięć (dsiäschänjtsch)
1	jeden (jädän)	11	jedenaście (jädännaschtchiä)
2	dwa (dwa)	12	dwanaście (dwanaschtchiä)
3	trzy (tschi)	20	dwadzieścia (dwadsiäschzia)
4	cztery (tschtäri)	50	pięćdziesiąt (pänjtschdsiäsjont)
5	pięć (pänjtsch)	70	siedemdziesiąt (schädämdsiäsjont)
6	sześć (schäschtsch)	100	sto (sto)
7	siedem (schädäm)	1000	tysiąc (tischonz)
8	osiem (oschäm)	1/2	jedna druga (jädna druga)
9	dziewięć (dsiäwänjtsch)	1/4	jedna czwarta (jädna tschwarta)

REISEATLAS

Die grüne Linie ▬▬ zeichnet den Verlauf der Ausflüge & Touren nach
Die blaue Linie ▬▬ zeichnet den Verlauf der Perfekten Route nach

Der Gesamtverlauf aller Touren ist auch in der herausnehmbaren Faltkarte eingetragen

Bild: Anlegestelle mit Booten im Frischen Haff

Unterwegs an der Poln. Ostseeküste

Die Seiteneinteilung für den Reiseatlas finden Sie auf dem hinteren Umschlag dieses Reiseführers

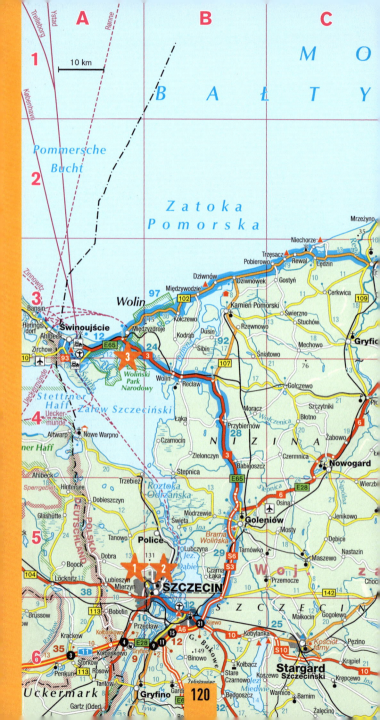

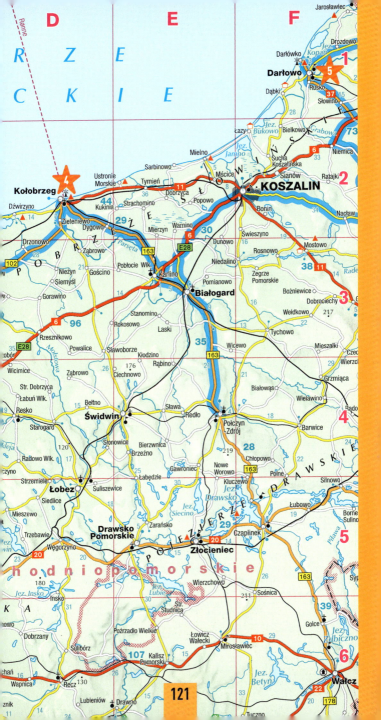

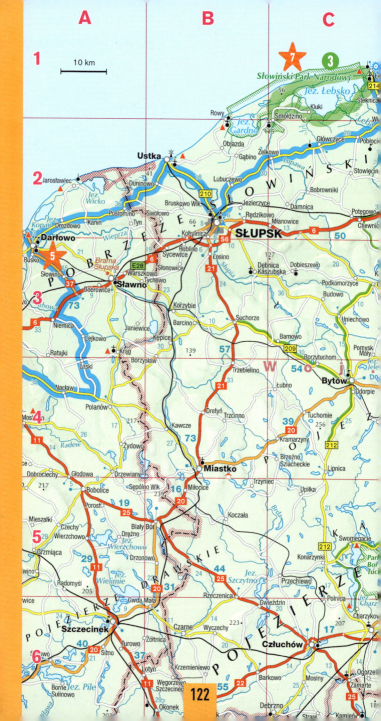

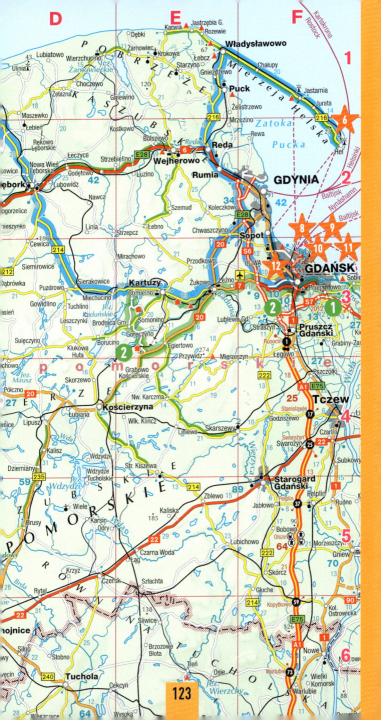

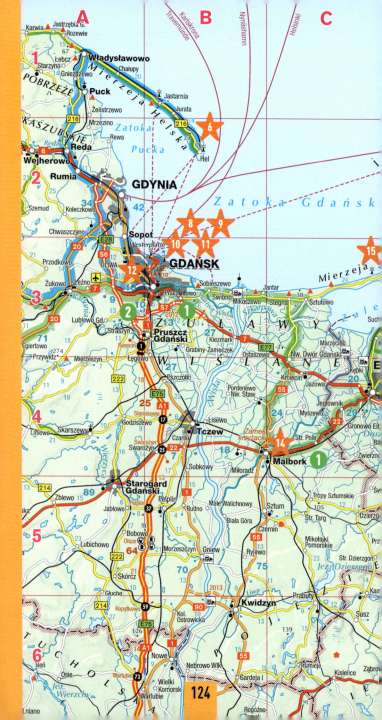

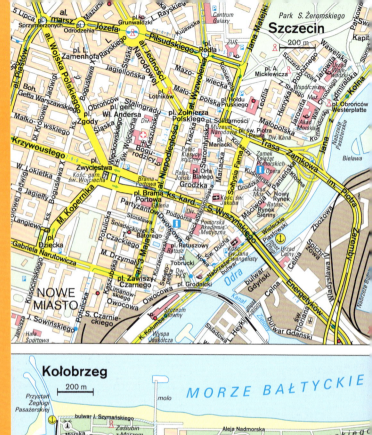
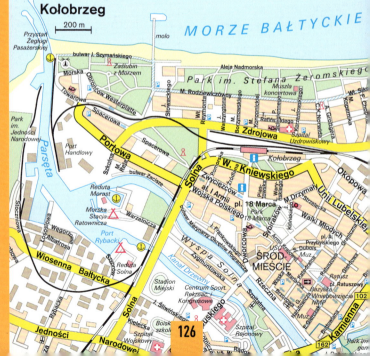

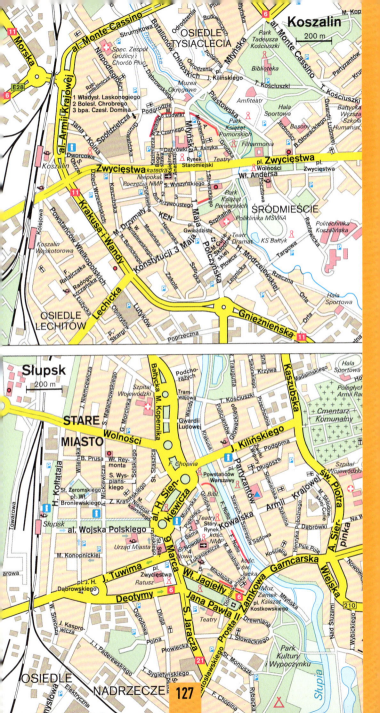

KARTENLEGENDE

	Autobahn mit Anschlussstellen	Motorway with junctions
	Autobahn in Bau	Motorway under construction
	Mautstelle	Toll station
	Raststätte mit Übernachtung	Roadside restaurant and hotel
	Raststätte	Roadside restaurant
	Tankstelle	Filling-station
	Autobahnähnliche Schnellstraße mit Anschlussstelle	Dual carriage-way with motorway characteristics with junction
	Fernverkehrsstraße	Trunk road
	Durchgangsstraße	Thoroughfare
	Wichtige Hauptstraße	Important main road
	Hauptstraße	Main road
	Nebenstraße	Secondary road
	Eisenbahn	Railway
	Autozug-Terminal	Car-loading terminal
	Zahnradbahn	Mountain railway
	Kabinenschwebebahn	Aerial cableway
	Eisenbahnfähre	Railway ferry
	Autofähre	Car ferry
	Schifffahrtslinie	Shipping route
	Landschaftlich besonders schöne Strecke	Route with beautiful scenery
Alleenstr.	Touristenstraße	Tourist route
XI-V	Wintersperre	Closure in winter
	Straße für Kfz gesperrt	Road closed to motor traffic
8%	Bedeutende Steigungen	Important gradients
	Für Wohnwagen nicht empfehlenswert	Not recommended for caravans
	Für Wohnwagen gesperrt	Closed for caravans
	Besonders schöner Ausblick	Important panoramic view
Wartenstein *Umbalfälle*	Sehenswert: Kultur - Natur	Of interest: culture - nature
	Badestrand	Bathing beach
	Nationalpark, Naturpark	National park, nature park
	Sperrgebiet	Prohibited area
	Kirche	Church
	Kloster	Monastery
	Schloss, Burg	Palace, castle
	Moschee	Mosque
	Ruinen	Ruins
	Leuchtturm	Lighthouse
	Turm	Tower
	Höhle	Cave
	Ausgrabungsstätte	Archaeological excavation
	Jugendherberge	Youth hostel
	Allein stehendes Hotel	Isolated hotel
	Berghütte	Refuge
	Campingplatz	Camping site
	Flughafen	Airport
	Regionalflughafen	Regional airport
	Flugplatz	Airfield
	Staatsgrenze	National boundary
	Verwaltungsgrenze	Administrative boundary
	Grenzkontrollstelle	Check-point
	Grenzkontrollstelle mit Beschränkung	Check-point with restrictions
ROMA	Hauptstadt	Capital
VENÉZIA	Verwaltungssitz	Seat of the administration
	Ausflüge & Touren	Trips & Tours
	Perfekte Route	Perfect route
	MARCO POLO Highlight	MARCO POLO Highlight

FÜR DIE NÄCHSTE REISE …

ALLE **MARCO POLO** REISEFÜHRER

DEUTSCHLAND
Allgäu
Bayerischer Wald
Berlin
Bodensee
Chiemgau/
 Berchtesgadener
 Land
Dresden/
 Sächsische
 Schweiz
Düsseldorf
Eifel
Erzgebirge/
 Vogtland
Föhr/Amrum
Franken
Frankfurt
Hamburg
Harz
Heidelberg
Köln
Lausitz/
 Spreewald/
 Zittauer Gebirge
Leipzig
Lüneburger Heide/
 Wendland
Mecklenburgische
 Seenplatte
Mosel
München
Nordseeküste
 Schleswig-
 Holstein
Oberbayern
Ostfriesische Inseln
Ostfriesland/
 Nordseeküste
 Niedersachsen/
 Helgoland
Ostseeküste
 Mecklenburg-
 Vorpommern
Ostseeküste
 Schleswig-
 Holstein
Pfalz
Potsdam
Rheingau/
 Wiesbaden
Rügen/Hiddensee/
 Stralsund
Ruhrgebiet
Sauerland
Schwarzwald
Stuttgart
Sylt
Thüringen
Usedom
Weimar

ÖSTERREICH SCHWEIZ
Berner Oberland/
 Bern
Kärnten
Österreich
Salzburger Land
Schweiz
Steiermark
Tessin
Tirol
Wien
Zürich

FRANKREICH
Bretagne
Burgund
Côte d'Azur/
 Monaco
Elsass
Frankreich
Französische
 Atlantikküste
Korsika
Languedoc-
 Roussillon
Loire-Tal
Nizza/Antibes/
 Cannes/Monaco
Normandie
Paris
Provence

ITALIEN MALTA
Apulien
Dolomiten
Elba/Toskanischer
 Archipel
Emilia-Romagna
Florenz
Gardasee
Golf von Neapel
Ischia
Italien
Italienische Adria
Italien Nord
Italien Süd
Kalabrien
Ligurien/Cinque
 Terre
Mailand/
 Lombardei
Malta/Gozo
Oberital. Seen
Piemont/Turin
Rom
Sardinien
Sizilien/Liparische
 Inseln
Südtirol
Toskana
Umbrien
Venedig
Venetien/Friaul

SPANIEN PORTUGAL
Algarve
Andalusien
Barcelona
Baskenland/
 Bilbao
Costa Blanca
Costa Brava
Costa del Sol/
 Granada
Fuerteventura
Gran Canaria
Ibiza/Formentera
Jakobsweg/
 Spanien
La Gomera/
 El Hierro
Lanzarote
La Palma
Lissabon
Madeira
Madrid
Mallorca
Menorca
Portugal
Spanien
Teneriffa

NORDEUROPA
Bornholm
Dänemark
Finnland
Island
Kopenhagen
Norwegen
Oslo
Schweden
Stockholm
Südschweden

WESTEUROPA BENELUX
Amsterdam
Brüssel
Cornwall und
 Südengland
Dublin
Edinburgh
England
Flandern
Irland
Kanalinseln
London
Luxemburg
Niederlande
Niederländische
 Küste
Schottland

OSTEUROPA
Baltikum
Budapest
Danzig
Krakau
Masurische Seen
Moskau
Plattensee
Polen
Polnische
 Ostseeküste/
 Danzig
Prag
Slowakei
St. Petersburg
Tallinn
Tschechien
Ukraine
Ungarn
Warschau

SÜDOSTEUROPA
Bulgarien
Bulgarische
 Schwarzmeer-
 küste
Kroatische Küste/
 Dalmatien
Kroatische Küste/
 Istrien/Kvarner
Montenegro
Rumänien
Slowenien

GRIECHENLAND TÜRKEI ZYPERN
Athen
Chalkidiki/
 Thessaloniki
Griechenland
 Festland
Griechische Inseln/
 Ägäis
Istanbul
Korfu
Kos
Kreta
Peloponnes
Rhodos
Samos
Santorin
Türkei
Türkische Südküste
Türkische Westküste
Zákinthos/Itháki/
 Kefaloniá/Léfkas
Zypern

NORDAMERIKA
Alaska
Chicago und
 die Großen Seen
Florida
Hawai´i
Kalifornien
Kanada
Kanada Ost
Kanada West
Las Vegas
Los Angeles
New York
San Francisco
USA
USA Ost
USA Südstaaten/
 New Orleans
USA Südwest
USA West
Washington D.C.

MITTEL- UND SÜDAMERIKA
Argentinien
Brasilien
Chile
Costa Rica
Dominikanische
 Republik
Jamaika
Karibik/
 Große Antillen
Karibik/
 Kleine Antillen
Kuba
Mexiko
Peru/Bolivien
Venezuela
Yucatán

AFRIKA UND VORDERER ORIENT
Ägypten
Djerba/
 Südtunesien
Dubai
Israel
Jordanien
Kapstadt/
 Wine Lands/
 Garden Route
Kapverdische
 Inseln
Kenia
Marokko
Namibia
Rotes Meer/Sinai
Südafrika
Tansania/
 Sansibar
Tunesien
Vereinigte
 Arabische
 Emirate

ASIEN
Bali/Lombok/Gilis
Bangkok
China
Hongkong/Macau
Indien
Indien/Der Süden
Japan
Kambodscha
Ko Samui/
 Ko Phangan
Krabi/Ko Phi Phi/
 Ko Lanta
Malaysia
Nepal
Peking
Philippinen
Phuket
Shanghai
Singapur
Sri Lanka
Thailand
Tokio
Vietnam

INDISCHER OZEAN UND PAZIFIK
Australien
Malediven
Mauritius
Neuseeland
Seychellen

REGISTER

In diesem Register sind alle im Reiseführer erwähnten Sehenswürdigkeiten und Ausflugsziele aufgeführt. Bekannte Orte sind neben der polnischen auch in der deutschen Schreibweise genannt. Gefettete Seitenzahlen verweisen auf den Haupteintrag.

Bad Polzin (Połczyn Zdrój) 30, **47**, 96
Bernstein **18**, 28
Białogóra 96
Biały Bór 96
Bodenwinkel (Kąty Rybackie) 86, 88
Braniewo 84
Brodnica Dole (Nieder Brodnitz) 91
Bukowo 30, 51
Bytów 20
Cadinen (Kadyny) **84**, 90, 96
Cammin (Kamień Pomorski) 14, **40**, 102
Chałupy (Ceynowa) 16, **53**, 56, 103
Chmielno (Chmelno) 57, 90
Crangen (Krąg) **51**
Czołpino 21, 93
Danzig 90
Danziger Bucht 11, 20, 52
Danzig (Gdańsk) 14, 15, 17, 22, 28, 31, **62**, 77, 88, 100, 103
Darłowo (Rügenwalde) 30, 31, **50**, 100
Darłowko (Rügenwaldermünde) 31, 50
Dębki 97
Drawa 96
Drawsko-See 96
Elbląg (Elbing) **80**, 84, 86, 89, 103
Frauenburg (Frombork) 18, 20, **84**, 90, 101, 103
Frische Nehrung (Mierzeja Wiślana) 11, 14, 80, **86**, 89
Frisches Haff 29, 80, 84, 88, 90, 96
Frombork (Frauenburg) 18, 20, **84**, 90, 101, 103
Fünf-Seen-Tal 30
Gać 93
Gardno 60
Gdańsk (Danzig) 15, 17, 22, 28, 31, **62**, 77, 88, 100, 103
Gdynia (Gdingen) 15, 16, 19, 31, 77, 79, 99, 103
Goldener Berg (Złota Gora) 91
Góra Wieżyca (Turmberg) 91
Groß Möllen (Mielno) **51**
Großendorf (Władysławowo) **55**, 56, 96
Gryfice (Greifenberg) 101
Grzmiaca 96
Habichtsberg (Jastrzębia Góra) **57**
Heisternest (Jastarnia) **54**, 56, 103
Hel (Halbinsel, Mierzeja Helska) 14, 16, 31, **52**, 76, 77, 96, 97, 101, 102
Hel (Hela) 11, **54**, 56, 96
Henkenhagen (Ustronie Morskie) **48**
Izbica 93
Jamno 51
Jantar 70, 88
Jastarnia (Heisternest) **54**, 56, 103
Jastrzębia Góra (Habichtsberg) 57
Jezioro Szmaragdowe 38
Jurata **55**, 56
Kadyny (Cadinen) **84**, 90, 96
Kamień Pomorski (Cammin) 14, **40**, 102
Kap Rozewie 21
Kartuzy (Karthaus) 31, 90
Kaschuben 19
Kaschubische Schweiz 14
Kąty Rybackie (Bodenwinkel) 86, 88
Kinski, Klaus **20**
Kluki 93
Kolczewo 95
Kołobrzeg (Kolberg) 12, 16, 30, **42**, 47, 98, 100, 102, 103, 106
Kopernikus, Nikolaus **20**
Koszalin (Köslin) 17, 30, **48**, 102
Krąg (Crangen) **51**
Krajobrazowy Wzniesienie Elbląskie 91
Krokowa (Krockow) 57
Łącka-Düne 93
Łeba 15, 31, 60, 92
Łeba-See 92
Łebsko 60
Łena 96
Leuchttürme 21
Malbork (Marienburg) **85**, 89, 102
Międzyzdroje (Misdroy) 30 **41**, 102
Mielno (Groß Möllen) **51**
Mierzeja Helska (Halbinsel Hel) 14, 16, 31, **52**, 76, 77, 96, 97, 101, 102
Mierzeja Wiślana (Frische Nehrung) 11, 14, 80, **86**, 89
Motława (Mottlau) 75
Niechorze 30
Nowy Dwór Gdański 89
Oitritz (Ostrzyce) 91
Oliwa (Oliva) **74**, 103
Orłowo 79
Ostróda 83
Ostrzyce (Oitritz) 91
Parsęta 96
Pelplin **75**, 103
Podewils (Schloss) **51**
Połczyn Zdrój (Bad Polzin) 30, **47**, 96
Pomorze Zachodnie (Westpommern) 42
Probierowo 30
Puck (Putzig) 31, **58**, 102
Puszcza Bukowa (Park Buchheide) **38**
Putziger Nehrung 53
Rąbka 92, 93
Rewal 101
Rowy 11, 93
Rozewie (Rixhöft) 57
Rügenwalde (Darłowo) 30, 31, **50**
Rügenwaldermünde (Darłówko) 31, 50
Schloss Podewils **51**
Słowiński Park Narodowy (Słowiński-Nationalpark) 11, 21, **60**, 96, 97
Słupia 61, 96
Słupsk (Stolp) 16, 20, 31, **58**, 103
Smołdzino 93, 96
Sopot (Zoppot) 12, 15, 20, 31, **76**, 98, 103
Stargard Szczeciński (Stargard) **38**
Stegna 88
Stettiner Haff 14
Stettin (Szczecin) 14, 18, 22, 30, **32**, 102
Stolpmünde (Ustka) 31, 57, **61**
Stutowo (Stutthoff) **87**, 88, 89
Suchacz 84, 90
Świbno 88
Świeczyno 50
Świnoujście (Swinemünde) 30, **38**, 102, 103
Swołowo (Schwolow) **61**
Szczecinek 16

IMPRESSUM

Szczecin (Stettin) 14, 18, 22, 30, **32**, 102
Sztutowo 88
Szymbark (Schönberg) 91
Tolkmicko 29, 84, 90
Toruń (Thorn) 20
Trzebiatów 101
Turmberg (Góra Wieżyca) 91
Ustka (Stolpmünde) 31, 57, **61**
Ustronie Morskie (Henkenhagen) **48**
Wałęsa, Lech **22**
Warszawa 94, 96, 97
Westerplatte **75**
Wieprza 50
Wieżyca (Turmberg) 91
Władysławowo (Großendorf) **55**, 56, 96
Woliński-Nationalpark 30, **41**, 97
Wolin (Wollin) 11, 30, 39, **41**, 95, 101, 103
Wygoda Laczynska 17
Żarnowiec (Zarnowitz) 58
Złota Gora (Goldener Berg) 91
Zoppot (Sopot) 12, 15, 20, 31, **76**, 98, 103
Żukowo (Zuckau) 90

SCHREIBEN SIE UNS!

SMS-Hotline: 0163 6 39 50 20

Egal, was Ihnen Tolles im Urlaub begegnet oder Ihnen auf der Seele brennt, lassen Sie es uns wissen! Ob Lob, Kritik oder Ihr ganz persönlicher Tipp – die MARCO POLO Redaktion freut sich auf Ihre Infos.

Wir setzen alles dran, Ihnen möglichst aktuelle Informationen mit auf die Reise zu geben. Dennoch schleichen sich manchmal Fehler ein – trotz gründ-

E-Mail: info@marcopolo.de

licher Recherche unserer Autoren/innen. Sie haben sicherlich Verständnis, dass der Verlag dafür keine Haftung übernehmen kann. Kontaktieren Sie uns per SMS, E-Mail oder Post!

MARCO POLO Redaktion
MAIRDUMONT
Postfach 31 51
73751 Ostfildern

IMPRESSUM
Titelbild: Wolin, Steilküste und Strand, (DuMont Bildarchiv/Roland E. Jung)
Fotos: O. Bolch (10/11); DuMont Bildarchiv: Hirth (Klappe r., 8, 54, 61, 71, 79, 82, 97, 103, 106 u., 107), Jung (Klappe l.), Roland E. Jung (1 o.); R. Freyer (2 M.u., 3 u., 20, 30 l., 32/33, 34, 40, 44, 48, 49, 67, 80/81, 87, 100, 102, 102/103, 118/119); R. Hackenberg (59); Huber: Gusso (76/77); © iStockphoto.com (choby 16 o.); Laif: EK Pictures (28), Schwelle (7, 72, 75), TOP (26 l.); Look: age fotostock (3 M., 27, 62/63), Pompe (26 r.), TerraVista (39), Zarod (4); Malgorzata Rose (17 o.); mauritius images: ib (Grassegger) (23); mauritius images: Alamy (2 M.o., 2 u., 6, 9, 37, 42/43, 51, 56, 91, 92, 98/99), ib (gourmet-vision) (24/25), Mehlig (2 o., 5), Seba (46); MDT Agency: Pepe & Sigi / partyzona.sk (16 u.); EVA MINGE (16 M.); Murki.pl: Marcin Kosiedowski (17 u.); T. Plath (1 u.); T. Stankiewicz (18/19, 28/29, 29, 30 r., 64, 68, 85, 88/89, 106 o.); Transit Archiv: Hirth (3 o., 12/13, 52/53, 69, 94/95), Kürtz (15, 41)

---

4. Auflage 2013
Komplett überarbeitet und neu gestaltet
© MAIRDUMONT GmbH & Co. KG, Ostfildern
Chefredaktion: Michaela Lienemann (Konzept, Chefin vom Dienst), Marion Zorn (Konzept, Textchefin)
Autor: Thoralf Plath; Redaktion: Jens Bey
Verlagsredaktion: Anita Dahlinger, Ann-Katrin Kutzner, Nikolai Michaelis
Bildredaktion: Gabriele Forst, Barbara Schmid
Im Trend: wunder media, München;
Kartografie Reiseatlas: © MAIRDUMONT, Ostfildern; Kartografie Faltkarte: © MAIRDUMONT, Ostfildern
Innengestaltung: milchhof:atelier, Berlin; Titel, S. 1, Titel Faltkarte: factor product münchen
Sprachführer: in Zusammenarbeit mit Ernst Klett Sprachen GmbH, Stuttgart, Redaktion PONS Wörterbücher
Das Werk einschließlich aller seiner Teile ist urheberrechtlich geschützt. Jede urheberrechtsrelevante Verwertung ist ohne Zustimmung des Verlags unzulässig und strafbar. Das gilt insbesondere für Vervielfältigungen, Übersetzungen, Nachahmungen, Mikroverfilmungen und die Einspeicherung und Verarbeitung in elektronischen Systemen.
Printed in Germany. Gedruckt auf 100% chlorfrei gebleichtem Papier

BLOSS NICHT

Ein paar Dinge, die Sie auf Ihrer Polenreise beachten sollten

NACKT BADEN

Ohne Kleider an den Strand? Für die sittenstrengen Polen ist das nur schwer hinnehmbar. Nacktbaden ist im katholischen Polen nicht weit verbreitet. Selbst oben ohne kommt nicht gut an. Die FKK-Anhängerschaft (poln. *Naturalny*) wächst zwar stetig, doch noch müssen sich die Naturisten auf wenige abgelegene Strandabschnitte beschränken. Landesweit bekannt als (inoffizielle) FKK-Hochburgen sind der Strand bei Dębki an der slowinzischen Küste, Lubiewo westlich von Międzyzdroje und Chałupy auf Hel. Der einzige offizielle FKK-Badestrand Polens liegt bei Krynica Morska auf der Frischen Nehrung.

DIE KIRCHENWÜRDE STÖREN

Prächtige und reich ausgestattete Kirchen finden sich in Polen vielerorts, und Besucher sind fast immer willkommen. Doch die katholischen Gotteshäuser sind keine Museen, die Gottesdienste keine Folkloreveranstaltungen. Mit dem Fotografieren sollte man rücksichtsvoll sein. Gäste, die das respektieren, erleben eine Religiosität, die in lebendigem Volksglauben wurzelt.

ALKOHOLISIERT AUTO FAHREN

Nach wie vor ist Alkohol am Steuer eine der Hauptursachen für Unfälle im Land. Die Promillegrenze (0,2) ist schnell überschritten, und Verstöße werden hart geahndet. Selbst wenn es gelingt, den Polizisten vom sofortigen Einkassieren Ihres Führerscheins abzuhalten – teuer wird's für Sie auf jeden Fall. Apropos teuer: Auch an öffentlichen Plätzen ist das Trinken von Alkohol strikt untersagt.

MILITÄROBJEKTEN ZU NAHE KOMMEN

Zwar sind die Zeiten sozialistischen Feindwahns vorbei, in denen jeder Ausländer gleich als Spion galt, kam er einem Armeeobjekt zu nahe. Doch auch als Nato-Mitglied reagiert Polens Militär allergisch auf allzu offensichtliches Interesse an seinen Anlagen. Parken vor Kasernen ist ebenso strikt verboten wie das Filmen und Fotografieren militärischer Objekte. An der polnischen Küste gibt es zwei große Militärsperrgebiete. Respekt ist auch an der Grenze zur russischen Exklave Kaliningrad auf der Frischen Nehrung geboten. Halten Sie sich von den Sperranlagen einfach fern, die Russen haben zu ihrer Grenze ein sehr sensibles Verhältnis.

AUF ZEBRASTREIFEN VERTRAUEN

Zu Fuß die Stadt erkunden? Spaziergänger haben im Straßenverkehr polnischer Großstädte nicht viel zu melden. Zwar haben sich die Sitten unter dem Druck drakonischer Strafen gebessert, doch besonders rücksichtsvoll sind polnische Autofahrer nach wie vor nicht. Darum: Vorsicht! Ein Zebrastreifen bedeutet nicht, dass Sie als Fußgänger Vorrang haben. Am besten, Sie warten die nächste Lücke im Verkehr ab – und überqueren die Straße dann zügig.